BERGHAIN, TECHNO UND DIE KÖRPERFABRIK

In Gedenken an Alina,
die den Lockdown nicht überlebt hat
und für die das Berghain ein Ventil war.

GUILLAUME ROBIN

BERGHAIN, TECHNO UND DIE KÖRPERFABRIK

Ethnographie eines Stammpublikums

BÜCHNER-VERLAG
Wissenschaft und Kultur

Guillaume Robin
Berghain, Techno und die Körperfabrik
Ethnographie eines Stammpublikums

ISBN (Print) 978-3-96317-274-8
ISBN (ePDF) 978-3-96317-812-2

Satz und Umschlaggestaltung: DeinSatz Marburg | rn
Bildnachweis Umschlag: Fotografie des Autors (Berghain-Fassade)
Portraits/Fotografien im Innenteil: Mike D'hondt
(https://www.instagram.com/mike_dhondt/)
Druck und Bindung: Schaltungsdienst Lange oHG, Berlin
Die verwendeten Druckmaterialien sind zertifiziert als FSC-Mix.
Printed in Germany

Bibliografische Informationen der Deutschen Nationalbibliothek
Die Deutsche Nationalbibliothek verzeichnet diese Publikation in der Deutschen Nationalbibliografie, detaillierte bibliografische Angaben sind im Internet über http://dnb.de abrufbar.

www.buechner-verlag.de

Inhalt

Die Rückkehr der Bacchanalien?

»Tanzt, tanzt, sonst sind wir verloren!«
Pina Bausch[1]

Ein ganz normaler Montagmittag im Bezirk Friedrichshain: Während Autos vor dem Supermarkt an der Rüdersdorfer Straße parken, hat das Berghain gerade seine Türen geschlossen. Rings um Aldi picken Krähen in der Einöde. Mit schwarzem Stoff drapiert tauchen die Nachtvögel, die der Club nach 36 Stunden aufbrausender Basslines und frenetischem Tanz endlich wieder ans Tageslicht gebracht hat, aus dem Ödland auf, wo nun ein öffentlicher Garten liegt. Die Tänzerinnen und Tänzer missachten die soziale Konvention, sich sonntags auszuruhen, nicht nur; sie ziehen es vor, ihren Körper dem Tanzen und nicht der Logik der Rentabilität hinzugeben. Was ursprünglich das *Ostgut* war, ein aus der Berliner Subkultur entstandener Schwulenclub, ist in zwanzig Jahren zum dem Pilgerort schlechthin für Technofans aus aller Welt geworden. Vieles am Berghain ist »typisch Berlin«, aber nicht alles. An wenigen Orten kann man seinen Körper so lebendig spüren. Es ist ein Ort, der sich auf das bezieht, was Foucault

1 Die Geschichte des Zitats »Tanzt, tanzt, sonst sind wir verloren« stammt aus der Dankesrede der Choreographin Pina Bausch, als sie den Kyoto Prize 2007 bekam: »Lassen Sie mich mit einer Geschichte beginnen. In Griechenland war ich einmal bei einigen Zigeunerfamilien. Wir saßen zusammen und haben uns unterhalten und irgendwann fingen sie an, zu tanzen und ich sollte mitmachen. Ich hatte große Hemmungen und das Gefühl, ich kann das nicht. Da kam ein kleines Mädchen zu mir, vielleicht zwölf Jahre alt, und hat mich wieder und wieder aufgefordert mitzutanzen. Sie sagte: ›Dance, dance, otherwise we are lost.‹ (Tanzt, tanzt, sonst sind wir verloren.)« Dieser Satz von Pina Bausch ist 2020 zum Ausgangspunkt einer sozialen Bewegung in Frankreich geworden, die von vielen besorgten Tanzlehrern ins Leben gerufen wurde, die wegen der Pandemie ihren Beruf nicht mehr ausüben können. Dieses Kollektiv veranstaltete tanzende Demonstrationen in 15 Städten Frankreichs.

»Heterotopien«[2] nennt, einer jener Orte, an denen sich die Erforschung des Selbst und der Gemeinschaft treffen, wo die Utopien des Körpers Gestalt annehmen. Seitdem ist das Berghain so bekannt geworden, dass mittlerweile die Kritik geäußert wird, der Klub sei zu »kommerziell« geworden. Diese Bekanntheit in Zeiten sozialer Netzwerke erzeugt eine kollektive Faszination oder gar einen Kult, der manchmal an Fetischismus grenzt[3]: S. sammelt Berghain-Flyer, um daraus seine »Wall of Shame« zu errichten; C. bewahrt die bunten Aufkleber sorgfältig auf der Rückseite ihres Smartphones auf; K. verbrachte dort bis zu fünf Stunden in der Warteschlange; W. fliegt einmal im Monat aus Stockholm nach Berlin, um das Wochenende im Berghain zu sein; M. verbringt dort 36 Stunden im Durchschnitt jede Woche und hatte seit drei Jahren bis zum Lockdown keine einzige *Klubnacht* verpasst. Kein Ort in der Geschichte des Techno hat die Fantasien so sehr beflügelt. Steigen Sie einfach in den ersten Billigflug nach Berlin, um über das Berghain reden zu hören. Und fast ist es, als nähme bei den ausländischen Touristen die Herausforderung, dieses deutsche Kofferwort auszusprechen, die Schwierigkeit vorweg, Einlass in den Tempel zu finden.

Das Berghain verdankt seinen Namen der Zusammenlegung der Berliner Bezirke Kreuzberg und Friedrichshain, die früher unter amerikanischer bzw. sowjetischer Besetzung standen. Das Berghain liegt, ein wenig abseits und verloren, inmitten eines ehemaligen Industriegebietes. Unweit der Spree, wenige hundert Meter vom ehemaligen »Todesstreifen«, der Ost und West trennte und an dem sich heutzutage die East Side Gallery befindet. Ursprünglich im Lager eines ehemaligen Güterbahnhofs untergebracht, schloss der Club Ostgut (früherer Name des Berghains) seine Türen im Jahr 2003 zugunsten des Baues der 02 World-Arena, einer Sport- und Veranstaltungshalle. Ein Jahr später eröffnete unweit davon das Berghain in einem ehemaligen, im Stil des sozialistischen Klassizismus errichteten Kraftwerk, damals im Besitz des Energieversorgers Vattenfall. Nachdem das Berghain anfangs Mieter in den Räumlichkeiten war, entschlossen sich die Clubbetreiber Norbert Thormann und Michael Teufele 2011 zum Kauf.

---

2 Foucault, Michel (2019), *Le Corps utopique, Les Hétérotopies*, Lignes.

3 Traxmag, 12.02.2016.

Die Nähe einer entmilitarisierten Zone, die in den 90er Jahren aufgegeben wurde und damals nicht sonderlich attraktiv war, das Fehlen direkt angrenzender Wohngebiete und die damals noch niedrigen Mieten erklären, warum auf beiden Seiten der Spree, in dieser urbanen Randzone, so viele Bars und Clubs einzogen. Das Berghain ist von Supermärkten und Parkplätzen umgeben, diesen »Nicht-Orten«[4], jenen Räumen der austauschbaren Modernität, jenen Transitorten, an denen der Mensch anonym bleibt. Die einzigen nächstgelegenen Gebäude sind die Feuerwache und das Polizeiamt. Wie alle Heterotopien liegt das Berghain in einer urbanen Randzone. Es ist Teil einer verlassenen Landschaft, in einer postindustriellen Umgebung. Vor allem seine geographische Lage gibt dem Berghain seinen heterotopischen Charakter. Wenn der Club so viele Fantasien nährt und so fasziniert, dann deshalb, weil er gewissermaßen den Werten widerspricht, welche die westliche Gesellschaft seit Jahrtausenden strukturieren: dem Glauben an den Fortschritt, den Anstand, an die Selbstverwirklichung durch Arbeit, an Ordnung, an das Maßhalten und an die Vernunft. Durch seine berühmt-berüchtigten Exzesse würde das Berghain die Rückkehr der Bacchanalien besiegeln. Abend für Abend bietet es eine Bacchanale, einen zeitlich begrenzten Sieg des Dionysischen über das Apollinische. Dieses Gegensatzpaar beschrieb Nietzsche in der *Geburt der Tragödie*[5]. In den westlichen Ländern würden wir also eine starke Rückkehr des Dionysischen erleben[6]. Diese Rückkehr zum Heidentum, die der Soziologe Michel Maffesoli als die »Wiederkehr der Stämme«[7] bezeichnet, wäre eine Antwort auf den mittlerweile als Sackgasse betrachteten Individualismus der modernen Gesellschaften. Die Hybris als Reaktion gegen die Ausgewogenheit, gegen die

---

4 Augé, Marc (2010), Nicht-Orte, Beck C. H.

5 Nietzsche, Friedrich (2015), Die Geburt der Tragödie (1872), Severus Verlag.

6 Maffesoli, Michel, L'Ombre de Dionysos. Contribution à une sociologie de l'orgie, Paris, Meridien/Anthropos (Sociologies au quotidien), 1982, S. 212; Michel Maffesoli, Le Temps des tribus: Le déclin de l'individualisme dans les sociétés postmodernes, Poche, 2000. Reiner Keller (2006): Michel Maffesoli, Die Rückkehr der Stämme in der Postmoderne. In: Stephan Moebius/Dirk Quadflieg (Hrsg.): Kultur. Theorien der Gegenwart. Wiesbaden.

7 Maffesoli, Michel (1995), *The Time of the Tribes: The Decline of Individualism in Mass Society*, Sage.

galoppierende Rationalität, gegen den Willen, alles einzuschränken und zu regulieren. Von den Raves und den Berliner Clubs der 90er Jahre bis zu den heutigen sexpositiven Techno-Partys, sollte die Suche nach einem ungezügelten Hedonismus, der Anspruch einer gelassenen, von jedem moralischen Urteil losgelösten Animalität zum Ausdruck kommen. Das Berghain scheint all dies zu verkörpern[8]: die hedonistische Utopie, die am Fuße der Eingangstreppe durch die – vor kurzem demontierte und in den Garten versetzte – Statue eines aus dem Füllhorn trinkenden Bacchus dargestellt wird. Indem das Berghain ein absolutes Stillschweigen über das, was dort geschieht, bewahrt, erlaubt es den Körpern, sich den Exzessen, der Zügellosigkeit der Affekte, dem Tanz-, Drogen-, Nacktheits-, Sexualitäts- und Trance-Genuss ohne Schamgefühle hinzugeben. Im *Schatten des Dionysos*[9] argumentiert Maffesoli, das orgiastische Sprudeln sei ein Mittel gegen die Hyperrationalität moderner Gesellschaften, die durch ihre Besessenheit von Kontrolle und Nullrisiko gekennzeichnet seien. Gehen wir von der Hypothese einer Rückkehr in diese heidnischen Zeiten der *Communitas* aus, in denen der Einzelne in Ekstase wieder mit seinem Körper, der Gemeinschaft, ganz allgemein mit dem Kosmos in Verbindung tritt.

Diese Hypothese ernst zu nehmen bedeutet, eine Analogie zwischen den Mysterienkulten der Antike und dem Berghain zu sehen. Inwieweit können wir das Berghain als ein Wiederaufleben der Bacchanalien betrachten? Bevor sie ihre allgemeine Bedeutung als laute und orgiastische Feste annahmen, die sie heute haben, waren die Bacchanalien religiöse Feste, die zu Ehren von Bacchus im alten Rom ab dem 3. Jhd. v. Chr. gefeiert wurden. Im antiken Griechenland fanden Dionysien, jährliche Feierlichkeiten zu Ehren des Dionysos, bereits ab dem 6. Jhd. v. Chr. statt. Dionysien waren, wie die Bacchanalien, Mysterienkulte[10]. In den Bacchanalien spielte

8 Wir werden diese Schwarz-Weiß-Perspektive nuancieren, die dem Orgiastischen zu viel Bedeutung beimisst und die sozialen Mechanismen der Kontrolle und Selbstkontrolle ignoriert.

9 Maffesoli, Michel (1986), Der Schatten des Dionysos. Zu einer Soziologie des Orgiasmus. Verlag: Frankfurt a. M.: Syndikat.

10 Die Thiasos (Prozessionen von Eingeweihten) praktizierten diesen im verborgenen stattfindenden Einweihungskult, meistens nachts und in Höhlen. Das Geheimnis nahm Gestalt in der Dunkelheit an, die uns an das Halblicht des

die Geheimhaltung eine zentrale Rolle. Diese Kulte waren nicht öffentlich, sondern wurden nur zwischen den Eingeweihten praktiziert, den *Mysten*. Ein griechisches Wort, das »die Schweigenden« bedeutet. Die Eingeweihten mussten eine Beschwörungsformel aussprechen, die bewies, dass sie dem Kreis der Geheimnisträger auch wirklich angehörten. Ohne Kenntnis dieser Formel blieb der Zutritt zum Tempel verwehrt. Während der zur Initiation gehörenden Bewährungsproben durften die *Mysten* nicht sprechen. Das fast religiöse Schweigen, welches Stammgäste des Berghains in der Warteschlange an den Tag legen und das sorgfältig gehütete Geheimnis, welches sich durch das Verbot zu fotografieren manifestiert, weist merkwürdige Ähnlichkeiten mit dem Geheimnis der Bacchanalien auf. Piotr Nathans Skulptur »*Rituale des Verschwindens*«, die bis 2017 im Garderobenbereich bestaunt werden konnte, präsentierte sich eben nach Ansicht des Künstlers als »Pforte zum Mysterium«, als »zu bestaunenende Rätselhaftigkeit«, aber auch als »Verheißung, die hinter das Geheimnis der riesigen Wand führte«[II]. Das aus 171 Aluminiumplatten bestehende Werk, 5 m hoch und 25 m breit, stellte als Prämisse des kommenden Sturms auf der Tanzfläche Naturphänomene dar: »Vulkanausbruch, Sandsturm mit Sandhosen, Seesturm mit Wasserhosen und das Wabern des Nordlichts über einem nächtlich ruhenden Ort.« Mystische Landschaften, die auch die Geheimnisse der Antike evozieren. Wie eine Tür zu einer anderen Welt, die durch

---

Berghains erinnert. Die römischen Bacchanalien, die mit Mysterienkulten verbunden waren, waren ein Vorwand für Trunkenheit, orgiastische Ausbrüche, aber auch für rituelle Tötungen. Wegen der Skandale, die sie mit sich brachten, und der Gefahr, die sie für die öffentliche Ordnung darstellten, verbot der römische Senat sie schließlich.

II »Es kann durchaus mit der antiken Bedeutung des Wortes Mysterium beschrieben werden, aufgrund des im Geheimen bleibenden Kerns als steter Begleiter dieses Feierns. Liest man die Begriffe Kult und Geheimnis nun in diesem Zusammenhang, werden sie im Berghain durch die Verbindung von Musik und Aura non verbal definiert. Die Skulptur Rituale des Verschwindens, als erster visueller Eindruck, als Pforte im Eingangsbereich des Klubs, entsprach mit ihrer mystischen Vieldeutigkeit dieser Aura. Als zu bestaunende Rätselhaftigkeit, aber auch als Verheißung, die hinter das Geheimnis der riesigen Wand führte«, schreibt der Künstler Piotr Nathan über sein Werk, das noch vor kurzem im Berghain hing.« In: http://rdv.berghain.berlin

Geheimhaltung geschützt ist, ein Auftakt zu einer körperlichen Initiationsreise. Piotr Nathan ruft uns damit in Erinnerung, dass das Geheimnis im Kern der Feier im Berghain steht. Die Erschließung seiner Geheimnisse setzt das Verständnis seiner heterotopischen Dynamik voraus. Wenn sich die Körper im Berghain anders ausdrücken, wenn sie so sehr ausschwitzen und ausstrahlen, dann deshalb, weil der Club durch die ganz besondere visuelle und akustische Gestaltung seines szenischen Raumes eine andere Beziehung zum Körper an sich induziert. Das Berghain verkörpert einen dieser »anderen Räume«, von denen Foucault spricht, eine Heterotopie (Mahlisch 2011, Henschel 2015), in der das Feiern und das Geheimnis zusammengehören, diesen marginalen Ort, der aber auch die Utopien des Körpers begünstigt.

Die meisten Bücher für ein breites Publikum, die sich dem Techno widmen, befassen sich mit dem Phänomen aus der Sicht seiner musikalischen Akteure (DJs, Clubbetreiber, Partyveranstalter), selten jedoch aus der Sicht seines Publikums und seiner körperlichen Dynamik. Oft beziehen sie sich auf seine Entstehung in Detroit (*Techno Rebels*, 1999) oder auf den Techno-Aufbruch in den frühen 90er Jahren (*Der Klang der Familie,* 2012). Sie haben dazu beigetragen, den Mythos seiner Herkunft zu schmieden. Die Pionierarbeit der Soziologen und Kulturanthropologen hat das Spektrum des Wissens aus verschiedenen Perspektiven erweitert, mit einem Fokus auf das Techno-Phänomen als Form der posttraditionalen Vergemeinschaftung (Hitzler/Pfadenhauer, 2001), auf die Ethnografie der Berliner Szene (Schwannhäußer, 2010) und auf die Clubwirtschaft (Kühn, 2017).

Das Berghain inspiriert die zeitgenössische Literatur wie die Romane *Demain Berlin* von Oscar Coop-Phane, *Demande à la nuit* von Anne Laure Jaeglé oder *Axelotl Roadkill* von Helene Hegemann[12]. Was die Berichte von Journalisten oder Bloggern über das Berghain betrifft, so wuchern sie. Im Allgemeinen beziehen sie sich auf die Exzesse, die im Club herrschen, wobei das Fotografierverbot die Neigung zur Hyperbel noch weiter verstärkt. Diese unzähligen Berichte über das Berghain greifen zu den immer wieder

12 Hegemann, Helene (2011), Axolotl Roadkill, Ullstein Taschenbuch. Der Roman inspiriert sich direkt von Strobo (Airen).

kehrenden Stereotypen: Das Berghain wird mal mit einem Tempel oder einer Kathedrale verglichen und aus dem Blickwinkel der religiösen Erfahrung überinterpretiert, mal in seinem monumentalen und dystopischen Aspekt dargestellt, ähnlich dem Moloch in Fritz Langs *Metropolis*, als Gottmaschine, die die Tänzer unter dem Auge des zum Cerberus bzw. Hüter der Hölle hochstilisierten Sven Marquardt, verschlingen würde. Einige Bücher, wie z. B. Tobias Rapps *Lost and Sound* (2009), erwähnen das Berghain am Rande. Nur ein einziges, im Patchworkstil verfasstes Werk, ist dem Club vollständig gewidmet (*Die Clubmaschine: Berghain*, 2018)[13]. Die Frage nach der Rolle der Maschine ist zweifellos ein interessanter Ansatz, aber sie erklärt nicht allein die Dynamik des Publikums.

Die ethnographische Analyse zielt darauf ab, über die blinde Verehrung des Eingeweihten hinauszugehen und diese Klischees unter die Lupe zu nehmen. Die folgende Reflexion basiert auf drei Jahren ethnographischer Forschung innerhalb der Techno-Szene[14] des Berghains. Auf methodologischer Ebene basiert sie auf einer Feldforschung über das Stammpublikum des Berghains, die ein- bis zweimal im Monat, insb. sonntags zu Spitzenzeiten an der sog. *Klubnacht* teilnehmen. Diese Studie, die sich auf Körperpraktiken in der Techno-Szene konzentriert, beruht auf einem Ansatz, der die Methode der beobachtenden Teilnahme, bestehend aus 12 Beobachtungssitzungen und die Sammlung von 12 Interviews sowie etwa 30 Online-Fragebögen von Stammkunden kombiniert[15]. Man muss dabei mit

---

13 SCHULZ Jorinde, KILIAN Jörg (2018), Die Clubmaschine: Berghain, Textem Verlag.

14 In ihrer Studie zur Clubkultur 2019 liefert die Clubcommission folgende Definition der Szene: »Sobald ein Publikum zu einem Stammpublikum wird und sich regelmässig an festen Lokalitäten (hier: Clubs) zu einem gemeinsamen Erlebnis (hier: Club Event) trifft, spricht man von einer Szene. Genauer gesagt verbinden sich mehrere lokale Publika zu einem Netzwerk, das man dann als Szene bezeichnet. Wichtig ist in jedem Fall, dass Clubkultur immer den Anspruch verfolgt, von Szeneakteur*innen für Szeneakteur*innen produziert zu werden«.

15 Die Anonymität dieser Personen wurde hier freiwillig gewahrt. Die Immersion ins Feld bezeichnen wir nämlich als beobachtende Teilnahme. Mit anderen Worten: indem wir das Berghainer-Outfit anziehen, verstehen wir den körperlichen Habitus der Stammkunden besser. Erst indem man selbst aktiv im

dem Begriff Publikum mit Vorsicht umgehen: es gibt keine Techno-Szene im Singular, so wie es kein einziges Berghain-Publikum gibt. Das Stammpublikum der *Klubnacht* ist weder das Publikum vom Samstagabend, noch das der Snax-Parties, noch der *Finest Friday*. Inwiefern lässt sich jedoch eine Soziologie dieser Stammgäste etablieren? Wie kann man den Club als Heterotopie im Sinne von Foucault bezeichnen und was ist die Kehrseite davon? Inwiefern ist das Berghain wie kein anderer Club der Welt der Ausdrucksort der Utopien des Körpers? Ist es schließlich ein inklusiver Raum? Ist es so *queer* und frei, wie man es gerne präsentieren würde? Die Idee, eine ethnographische Studie über das Berghain durchzuführen, entstand, als ich auf verschiedenen Techno-Festivals (Garbicz, Nation, Her Damit) beobachtete, dass sich die Stammgäste des Berghains oft an ihrem besonderen Tanzstil erkennen ließen. Eines war klar: das Berghain ist viel mehr als eine Maschine. Es ist ein Generator für körperliche Experimente. Es ist nichts ohne sein Publikum, ohne die Körper, die es besetzen, modellieren und durch den Tanz in Bewegung bringen.

Raum wird, werden Interaktionen etabliert und taucht man in die physische und psychische Disposition der Akteure ein. Es ist wichtig, der Unmittelbarkeit der Teilnahme Vorrang einzuräumen, aber dafür müssen auch, um das mögliche Fehlen kritischer Distanz und den Informationsverlust zu vermeiden, Notizen im Nachhinein gemacht und die Analyse zu günstigeren Zeitpunkten entwickelt werden (Soulé, 2008). Während wir uns dieses methodischen Risikos, die Teilnahme gegenüber der Beobachtung zu bevorzugen, bewusst sind, beanspruchen wir hier mit dem Begriff der beobachtenden Teilnahme eine immersive Beziehung zum Forschungsfeld. Teil der Tanzgemeinschaft zu sein und als solcher identifiziert zu werden, gehört zu diesem methodologischen Ansatz. Nur eine aktive, vollständige und ehrliche Beteiligung ermöglicht den Zugang zu Interviews und die Sammlung von Informationen.

I Körper im Raum

Ins Geheimnis eingeweiht werden

> »Es war so heiß und feucht, dass der Aufkleber von meinem iPhone kam. Ein Sicherheitsbeamte hat es gesehen und wollte mich zur Tür hinausführen, weil er dachte, ich hätte gegen die Hausordnung verstoßen. Ich habe ihn darum gebeten, ein paar Sekunden auf mich zu warten, damit ich meinen Freunden Bescheid sagen kann. Ich habe den Typ mit meinem Handy im Stich gelassen und den ganzen Tag in der Panorama Bar weitergetanzt. Nach 10 Stunden hat er mich endlich wiedergefunden. Er hatte mein Handy noch in der Hand und war echt sauer. Es war ein iPhone letzter Generation. Er sagte mir, ich würde ihn verarschen. Ich habe drei Monate Hausverbot bekommen. Es gibt ja Prioritätsfragen!« (A., Polen)

Im Anfang war der Körper. Hier müssen wir sofort die Erwartungen der Leser enttäuschen, die das Berghain an einem Sonntagabend noch nicht erlebt haben und sich in diesen Seiten vorstellen, sie könnten sich durch schlüpfrige Details oder sensationelle Anekdoten dem mystischen Erlebnis der *Klubnacht* nähern. Sowohl der Schriftsteller als auch der Feldforscher scheitern bei ihrem Versuch, das Berghain-Erlebnis in Worte oder Konzepte zu fassen. Man vermag es nicht, die elektrisch geladene Atmosphäre auf der Tanzfläche zu Spitzenzeiten, wenn die Techno-Tracks wie ein lautes Donnerrollen erklingt, mit Wörtern zu schildern. Denn die Berghain-Erfahrung wird im gegenwärtigen Moment durch und im Körper erlebt, e.h. im Bauch und in den Oberschenkeln, im Atem und unter der Haut. Das Berghain lässt sich nicht fotografieren. Körper tanzen freier, wenn sie wissen, dass sie von dem Auge der Kamera nicht beobachtet werden. Wie in den Mysterienkulten der Antike spielt die Geheimhaltung im Berghain nämlich eine zentrale Rolle, weil sie es vor der Außenwelt schützt. Im Kontakt mit dem Profanen würden solche Orte ihre heterotopische Kraft verlieren. Im Zeitalter der Social Media besteht die große Gefahr, dass diese gut gehüteten Räume von Instagram oder Facebook sichtbar gemacht werden, dass der Bereich des Intimen sofort geteilt wird, dass das Bild die lebendige Erfahrung ersetzt. Dieses Fotografierverbot ist nicht nur auf Clubs beschränkt, sondern in Berlin weit verbreitet. Es findet sich beispielsweise als konkretes Hinweisschild am Eingang zur Wagenburg Lohmühle oder dem besetzten Haus Køpi. Berlin ist kein Zoo, der sich besichtigen lässt. Hier lernt man schnell, seine Kamera zu Hause zu lassen. Diese No-Photos-Ethik (Glad, 2017) ist zu einem wesentlichen Pfeiler der Berliner Subkulturen geworden, spiegelt aber auch die generelle Ablehnung einer Touristifizierung Berlins wider. Denn die Berliner wollen ihrer Stadt ersparen, was Barcelona und Prag erlitten haben. Gegen Social Media und Web 2.0 hat das No-Photos es den Berliner Clubs ermöglicht, ihr Markenimage als einzigartiges Erlebnis durchzusetzen. Unter dem Titel *No photos on the dance floor!* pflegte das Ausstellungshaus für Fotografie C/O Berlin im Jahr 2019, nicht ohne Widerspruch, die Erinnerung an die Berliner Techno-Szene. Indirekt suggeriert der Titel der Ausstellung aber auch, dass die Fotografie den gegenwärtigen Moment der Party nicht einzufangen vermag, sondern nur, wie in Wolfgang Tillmans‘ Bildern, flüchtige Spuren, Körperflüssigkeiten. Berliner Clubs haben kein fotografisches Gedächtnis. Die Dimension der Geheimhaltung ist zentral für die Erhaltung von Heterotopien. Deshalb gilt im Berghain, wie in den meisten Berliner Techno-Clubs, eine strikte Fotoverbotspolitik, die als einzige Warnung für die Besucher am Eingang des Clubs ausgehängt ist. Das offizielle Instagram-Konto des Berghains hatte Ende 2019 nur etwa 65 k (i.e. 65 000) Anhänger. Auf der Seite: eine einzige Publikation mit einer trockenen Erinnerung an das Fotografierverbot in vier Sprachen. Paradoxon einer bildergesättigten Gegenwart, in der das Nicht-Bild, das Unsichtbare wirksamer sind als das Bild selbst. Durch das Verbot, die Party darzustellen, fällt der Club in den Bereich der Phantasie. In Ermangelung eines Bildes ist die Rückübertragung der im

Club gelebten Erfahrung nur durch die Erzählung erlaubt, die die Grundlage der Mythologisierung ist. Die seltenen Videos von Besuchern, die der Wachsamkeit des Publikums und des Sicherheitsdienstes entgangen sind, lösen im Web wütende Kommentare von Stammkunden aus und werden schnell gelöscht. Touristen, die es wagen, in der Warteschlange am Berghain zu knipsen, weil sie die Regeln noch nicht kennen, werden von den Stammgästen getadelt. Wer sich im Club traut zu fotografieren, wird sofort rausgeschmissen.

> »Ja, das war das erste Jahr. Ein Spanier hat ein Foto von oben im Berghain gemacht, es wurde schnell erledigt, er war um 00:10 Uhr drinnen, eine Viertelstunde später war er draußen. Es gibt nicht viele Regeln im Laden, außer diese.« (T., Deutschland)

Die Kameras der Telefone werden am Eingang mit einem farbigen Aufkleber versehen. Die Entfernung Selbiges wird mit sofortiger Verbannung bestraft. Es gibt fast keine Bilder vom Inneren des Clubs im Internet. Durch die strenge Umsetzung dieser Politik präsentiert sich das Berghain als ein »fotografisches Schwarzes Loch« (Glad, 2017). Nutzer sozialer Netzwerke bevorzugen indirekte Darstellungen des Berghains. Wenn es darum geht, sich selbst zu inszenieren, brillieren die Stammgäste in der Kunst des Hors-Champ: sie fotografieren ihr Berghain-Outfit, die Fassade, den Stempel auf den Unterarmen. Verbotene Selfies aus den Berghain-Klos (*Klohporn*), ephemere Aufnahmen der Schlange für das Instagram-Konto @berghain linelife, Veröffentlichung eines schwarzen Screens mit einem bloßen Hashtag in Würdigung des auflegenden DJs: so viele Spuren des Berghains, die durch die Abwesenheit das Unbeschreibliche des gegenwärtigen Moments unterstreichen. Manche Leute umgehen das Verbot und pflegen eine Kunst der Fotografie unter farbigen Aufklebern, um das Nichtdarstellbare abzubilden[16]. In einer Zeit der Smartphone-Dauernutzung und der Verwischung der Grenzen zwischen realen und virtuellen Räumen hat sich das Berghain als Gegenmodell etabliert: es verschiebt die Tendenzen zum

---

16 https://www.instagram.com/berghainsticker/

Selfismus und führt zu Umgehungsmechanismen, die letztlich dem Prozess der mythologischen Konstruktion dienen.

Es gibt mehrere Gründe für die Politik des No-Photos. Da die Heterotopie durch den Kult der Geheimhaltung aufrechterhalten wird, würde die Smartphone-Kamera zunächst eine Brücke zur Außenwelt schlagen und das Profane ins Heilige bringen. Zweitens wird die unmittelbare Erfahrung von Musik und Tanz durch die Präsenz des fotografischen Auges verzerrt, das als Kontroll- und Beurteilungsinstanz fungiert (Glad, 2017[17]). Wer sich beobachtet fühlt, kontrolliert mehr sein Verhalten und seine Bewegungen. Wie P. (Deutschland) sagt: »Niemand würde sich hier so frei fühlen, wenn man wüsste, dass man gefilmt oder fotografiert wird.« Das Fehlen der Smartphone-Kamera garantiert jenes Gefühl von Freiheit, das eine unmittelbare körperliche Erfahrung ermöglicht. Das Berghain ist ein körperliches Erlebnis und ein Spektakel, das im Moment gelebt wird und sich damit der Linse des Smartphones verweigert. Drittens garantiert das Fotoverbot den Respekt der Privatsphäre in einem Raum, in dem fast alles erlaubt ist. Aus historischen Gründen – zurückgehend auf die staatliche Überwachungspraxis unter der nationalsozialistischen Diktatur und dann in der DDR durch die Stasi – ist auch die deutsche Öffentlichkeit in der Frage privater Daten und der Bedrohung durch die Überwachung durch das Kameraauge äußerst wachsam. Dieses No-Photos sollte hier viel mehr als eine digitale Entgiftung gesehen werden. Denn erst losgelöst von ihrem Bild, von jedem Eingriff in die Unmittelbarkeit können die Körper vollständig in die Erfahrung des Lebenden eintauchen.

17 Vincent Glad, in «Le Berghain à Berlin et l'éthique du no photos», in *Libération*, 04.09.2017.

Skizze einer Ethnographie der »Krähen«

Die Berghainer werden oft wegen ihres schwarzen Outfits mit Krähen verglichen. Die Berghain-Stammgäste[18], auch *Regulars* genannt, sind diejenigen, welche die *Klubnacht* länger als ein Jahr zumindest monatlich besucht haben und dies zum Teil weiterhin tun. Sie treffen sich am Berghain am liebsten am Sonntagmorgen oder zur sonntagsabendlichen Spitzenzeit und verbringen durchschnittlich 16 Stunden im Inneren des Clubs. Einige sogar 36 Stunden, von der Eröffnung am Samstag um Mitternacht bis zur Schließung am Montagmittag. Da diese ethnographische Arbeit nicht statistischer, sondern qualitativer Natur ist, war es dennoch notwendig, sich für eine Stichprobe zu entscheiden, die möglichst repräsentativ für die Vielfalt ist, die sein Stammpublikum ausmacht: Schwule, Lesben, Drag Queens, Transgender, Queer und Nicht-Binäre sowie Heteros sind daher in dieser Stichprobe enthalten. Die grobe Schätzung des genderspezifischen Anteils des Publikums stimmt mit der der befragten Stammgäste überein: sie lässt vermuten, dass das Publikum als Ganzes zu Spitzenzeiten zur Hälfte aus Mitgliedern der LGBT+-Gemeinschaft und zur Hälfte aus heterosexuellen Menschen besteht. Wobei der Anteil der LGBT+-Besucher je nach Party bis zu 60 % erreichen kann, wenn beliebte Resident-DJs wie Boris für das Closing auflegen. Trotz ihrer Vielfalt scheint es möglich zu sein, ein Porträt der Berghainer Stammgäste nach mehreren Kriterien zu zeichnen: Nationalität, geographische Herkunft, Alter, Bildungsstand oder berufliche Situation. Zunächst einmal sind die Stammgäste nicht nur in Berlin wohnhaft gemeldet. Die Mehrheit lebt seit durchschnittlich dreieinhalb Jahren in Berlin, es gibt aber auch einen kleinen Anteil an Pendlern, die zwischen 6 und 10 Mal im Jahr als Stammgäste das Berghain anfliegen, wie I. (aus München), O. (aus Bukarest), F. (aus Nizza), J. (aus Paris), M. (aus Brüssel), W. (aus Stockholm), N. und Y. (aus Tiflis) oder A. (aus Dubai). Dieser internationale Clubtourismus, der im Bericht der Clubcommission

18 Etwa 40 Personen nahmen an der Umfrage teil, 12 in Form von Interviews, etwa 30 in Form eines langen Fragebogens aus ungefähr 200 Fragen.

2019 dokumentiert wurde[19], stellt Identitätsfragen im Kontext der Globalisierung. L. M. Garcia (2015) beschreibt dieses Phänomen der Pendelmigration, das mit dem Techno-Tourismus verbunden ist und durch Billigflüge erleichtert wird, als moderne Form der »affective citizenship«. Wie J. aus Paris sagt: »In Berlin fühle ich mich wirklich zu Hause«. Das Berghain als neue Heimat zeugt insofern von dieser geografischen Entwurzelung der Affekte. Die häufigen Besuche in Berlin flößen diesen »Techno-Touristen« das paradoxe Gefühl ein, sowohl in Berlin zu Hause, als auch ein Tourist in seiner eigenen Stadt zu sein[20]. Diese soziokulturelle Zugehörigkeit zu einer subkulturellen Szene, die weit von dem Herkunftsland entfernt ist, ähnelt der Suche nach einer gewählten Staatsbürgerschaft, die auf einer Gemeinschaft von Affekten und nicht auf traditionellen Identitätsmerkmalen basiert, die mit einer Sprache, einem Herkunftsland, einer regionalen oder nationalen Kultur zu tun haben. Man beobachtet in diesem Nachttourismus eine Form von postindustrieller Neo-Romantik, die diese »Techno-Migranten«[21] mit den lokalen Berliner Szenen, mit der Stadt und ihrem Rhythmus, mit ihrer musikalischen Landschaft emotional verbindet (Garcia, 2015). Das Berghain nährt, wie Berlin als Ganzes, die Phantasie der Zugehörigkeit zu einem Ort, in dem man in die Party eintaucht, an dem man aber letztlich ein Fremder bleibt. Das Publikum des Berghains besteht nicht ausschließlich aus Berlinern und Berlinerinnen und auch nicht ausschließlich aus Deutschen: es ist flüssig, mobil, globalisiert. Eine Studie über die Nationalitäten der Stammgäste bestätigt die immense Vielfalt der Identitätslandschaft des Berghains. Das Panel der Befragten umfasste 11 Deutsche, 7 Franzosen, 3 Australier, 3 Amerikaner, 3 Polen, 2 Italiener, 2 Spanier, aber auch Stammgäste brasilianischer, koreanischer, finnischer,

---

19 Im Auftrag der Clubcommission Berlin erarbeitete Goldmedia 2019 eine Studie zur Berliner Clubkultur. Aus diesem Bericht geht hervor, dass 10 Prozent der Clubbesucher aus dem Ausland kommen (S. 41) und dass 20 Prozent der Stammgäste der Berliner Clubs von außerhalb Berlins und Brandenburgs kommen.

20 Garcia, L-M. (2005), »At home, I'm a tourist: Musical migration and affective citizenship in Berlin«, 2015/6/1, Journal of Urban Cultural Studies, Vol. 2, S. 121–134.

21 Garcia, L-M. «Techno-Tourism and Post-industrial Neo-Romanticism in Berlin's Electronic Dance Music Scenes, In: Tourist Studies, 2015, 16, 3, S. 258–275.

griechischer, iranischer, irischer, niederländischer, kirgisischer, brasilianischer, südafrikanischer, russischer, schweizerischer, syrischer, ukrainischer, aber auch franko-libanesischer, deutsch-russischer oder deutsch-amerikanischer Herkunft (jeweils 1). Das Berghain-Publikum zeichnet sich vor allem durch eine bunte kulturelle Mischung aus.

Angesichts des Durchschnittsalters der Stammgäste wäre es im Falle des Berghains problematisch, Techno als Jugendkultur zu bezeichnen. Während dies in den meisten Clubs in europäischen Städten noch der Fall ist, ist es in Berlin anders und das Berghain, mehr als jeder andere Club, ist ein Ort, an dem eine Denormalisierung subkultureller Praktiken aufgrund des Alters stattfindet. Während in den meisten Gesellschaftsschichten das Alter die kulturelle Praxis bestimmt, ist das Berghain, gerade unter Berücksichtigung des andernorts herrschenden Jugendwahns, heterotopisch:

> »Once I was kissing a guy in the garden outside, and he told me that his mother was there too. Then she appeared and he called her over. He didn't stop cuddling and kissing me while she was there. She hung out with us for a bit and we talked about the music. Then she gave him a bag of speed. What a beautiful mother-son relationship! Only in Berghain!« (J., Irland)

Unter Berücksichtigung des Alters scheinen das Durchschnittsalter bei knapp über 29 Jahren und das Durchschnittsalter der Männer bei den Stammgästen höher als das der Frauen zu liegen. Das geschätzte Durchschnittsalter des Stammpublikums des Berghains ist dem Medianalter der Clubbesucher sehr ähnlich, das die Berliner Club Commission in ihrer Studie 2018 klarstellt (30,2 Jahre). Das relativ hohe Alter des Publikums widerspricht daher der These, Techno-Subkulturen seien vor allem Jugendsubkulturen. Dieses relativ hohe Alter der Raver ist kein spezifisches Merkmal des Berghains, sondern der Berliner Clubszene überhaupt, wo andere Altersnormen als in den europäischen Partymetropolen gelten. Was das Berghain jedoch von den anderen Berliner Clubs unterscheidet, ist die Verteilung der Stammgäste nach allen Altersgruppen, insbesondere der Gäste in ihren Vierzigern, Fünfzigern und sogar Sechzigern. Die Vierziger scheinen in unserer Studie nicht weniger vertreten zu sein als die jungen Erwachsenen (18–24 Jahre). Die jüngste Befragte aus Leipzig war 21 Jahre alt und die älteste 48. Es gibt auch Fünfziger und B. (USA) gesteht sogar, dass er zweimal im Jahr mit seiner 70-jährigen Mutter aus Colorado ins Berghain ging und mit ihr auch Ecstasy teilte. Menschen, die in einem Pariser Club als alt gelten würden, können das Berghain betreten, ohne vorverurteilt zu werden:

> »In der Schlange bemerkte ich, dass sie hübsche junge Männer ablehnten, und ich habe mich gefragt, wie die Türsteher reagieren würden, wenn sie eine alte Tante vor sich sähen. Das war überhaupt kein Problem. Sie haben mich reingelassen.« (M., Deutschland, 48 Jahre alt)

Das Alter der Stammgäste muss aber auch im Zusammenhang mit der Länge ihrer Szenezugehörigkeit betrachtet werden. Denn die Mitgliedschaft im Stammpublikum scheint zeitlich befristet zu sein. Von den rund 40 Befragten kannte nur einer das Ostgut und zwei das Berghain in seinen Anfängen. Nur sehr wenige von ihnen waren *Regulars* seit mehr als fünf Jahren. Die Stammgäste bleiben eher nur ein paar Jahre und verlassen bald die Szene, die auf Dauer eine extreme Körperbelastung induziert.

Es wird auch oft angenommen, dass die Willkür und »die Anmutung vom jakobinischen Terror«, der an der Tür herrscht (Rapp 2009[22]), eine Form von gesellschaftlicher Nivellierung erzeugen würde. Weder das Geld noch der soziale Status garantieren den Eintritt. Ganz im Kontrast zu den New Yorker Clubs der 1970er Jahre, den Pariser Clubs der 1980er oder den heutigen Clubs mit VIP-Tischen auf Ibiza. Es gibt weder im Berghain noch in anderen Berliner Clubs VIP-Räume. Auf der Booking-Seite des Clubs wird den DJs auch deutlich gemacht, dass das Berghain keine Tischreservierungen oder Sonderbehandlung für VIPs anbietet[23]. Es stimmt, dass

22 Rapp, Tobias (2009), Lost and Sound: Berlin, Techno and the Easyjetset, Suhrkamp Taschenbuch, S. 268.

23 Siehe www.ostgut.de/booking: »We don't offer table reservations, guest list, advance tickets or VIP treatment.«

die Klassenunterschiede zugunsten des subkulturellen Kapitals[24] seiner Mitglieder in den Hintergrund treten (Thornton, 1995). Diese angestrebte radikale Gleichheit vor der Tür bleibt aber ein Anspruch, der letztlich nur unvollständig eingelöst wird. Denn das Berghainer Stammpublikum rekrutiert sich größtenteils aus einem hochgradig sozial integrierten Teil der Bevölkerung, welcher mehrheitlich über eine stabile Beschäftigung verfügt. Unter den befragten Stammgästen gab es eine Minderheit von Studenten, was sich durch die strikte Türpolitik gegenüber zu jungen Besuchern erklären lässt. Der mittlerweile recht hohe Eintrittspreis – 18 € plus 5 € beim Wiedereintritt versus 13 € (Wiedereintritt gratis) bis vor wenigen Jahren – machen ihn nun zu einem der teuersten Clubs in Berlin, auch wenn die Getränkepreise im Club niedrig sind (3,5 € für ein Bier versus 16 € in einem Club auf Ibiza beispielsweise). Rechnet man zum Eintrittspreis den Getränkekonsum und das Drogenbudget hinzu, liegt der Durchschnittspreis pro Wochenende zwischen 50 € und 100 €. Im Herbst 2019 hat die Einführung der oben genannten 5 € beim Wiedereintritt zahlreiche Stammgäste, welche darin eine Form der Diskriminierung durch Geld sahen, gegen die Preispolitik des Clubs aufgebracht[25]. Andere Gäste empfanden die Preiserhöhung als irrelevant und bezeichneten die Debatte über selbige als Zeitvertreib privilegierter Schichten. Nur zwei von vierzig Befragten waren zum Zeitpunkt der Erhebung arbeitslos oder in einer beruflichen Umschulung (8 %). Nur 16 % der Befragten waren Studenten, 60 % Angestellte und 16 % Selbstständige. Bis auf drei hatten alle Stammgäste ein Hochschulstudium absolviert und in der Hälfte der Fälle hatten sie sogar einen Master-Abschluss. Natürlich ist dies relativ zu betrachten und muss auf das durchschnittliche Bildungsniveau in den jeweiligen Altersgruppen zurückgeführt werden[26]. Dabei könnte eingewandt werden, dass immer mehr junge Leute

---

24 Mit dem Begriff des «subkulturellen Kapitals» bezeichnet Thornton das Wissen bezüglich der Codes, der Ästhetik und des Stils, auf die es in der Clubszene ankommt.»

25 Siehe Facebook-Seite der Protestbewegung: https://www.facebook.com/events/398251287502767/

26 Siehe dazu: Bildungsstand: Verteilung der Bevölkerung in Deutschland nach Altersgruppen und höchstem Schulabschluss. »Die Statistik zeigt den Bildungsstand in Deutschland und bildet die Verteilung der Bevölkerung nach Alters-

in Deutschland studieren[27]. Betrachtet man den Anteil der Bevölkerung, die im Durchschnittsalter von etwa 29 Jahren einen Hochschulabschluss hatte, so betrug er im Jahr 2017 rund 50 %. Bei den befragten Berghainern lag der Anteil der Personen – deren Durchschnittsalter auch bei 29 Jahren liegt – mit einem Hochschulabschluss jedoch bei rund 90 %. Dies würde darauf hindeuten, dass die Besucher des Berghains durch ein höheres Bildungsniveau gekennzeichnet zu sein scheinen als der Durchschnitt der nach Altersgruppen aufgeschlüsselten Bevölkerung. So besaßen beispielsweise nur drei von vierzig Personen keine allgemeine Hochschulreife. Diese Hypothese scheint gestützt zu werden, wenn man die BesucherInnen nach Berufsgruppen aufschlüsselt und in Relation zur Erwerbsbevölkerung (20–64 Jahre) setzt: Menschen aus gering qualifizierten Berufen (Bauhelfer, KellnerInnen usw.) scheinen im Berghain stark unterrepräsentiert zu sein. Ebensowenig wie nichtakademische Fachkräfte, HandwerkerInnen, TechnikerInnen, KrankenpflegerInnen usw. Folgerichtig gibt es eine Überrepräsentation von Angehörigen akademischer Berufe, beispielsweise Elektroakustik-IngenieurInnen, Software-IngenieurInnen, ÄrztInnen und TierärztInnen, Marketing- und QualitätsmanagerInnen, UnternehmensberaterInnen, AkademikerInnen usw., aber auch eine Überrepräsentation einer Gruppe, die man als sog. urbane KreativarbeiterInnen bezeichnen könnte, wie Content-Writer, DrehbuchautorInnen, Social Media ManagerInnen u.a. Dieser Befund stützt tendenziell die aufgestellte Hypothese: Sobald man die Berghain-Schwelle überquert, werden die sozialen Grenzen in der Theorie aufgehoben, aber weniger in der Praxis. Oder anders gesagt, das Berghain ist zwar kein Ort der sozialen Abschottung, aber auch sicherlich nicht der egalitäre und heterogene Ort, wie man meinen könnte.

---

gruppen und höchstem Schulabschluss (Stand 2018) ab«. https://de.statista.com/statistik/daten/studie/197265/umfrage/beruflicher-bildungsstand-der-bevoelkerung-in-deutschland/

27 Im Jahr 2020 betrug der Anteil der Studienanfänger an der Gesamtbevölkerung im entsprechenden Geburtsjahr 54,8 %.

Das Berghain als Heterotopie?

Foucault führte den Begriff der Heterotopie in einer Radiosendung ein, die 1966 auf *France Culture* ausgestrahlt wurde[28]. Er beschreibt diese »anderen Räume«, die im Gegensatz zu Utopien sehr real sind. Es sind Orte, die mit der normalen Gesellschaft brechen, disruptive Räume, die vom Rest der Gesellschaft getrennt sind, wo das Verhältnis zur Zeit verändert und Normen umgekehrt werden. Heterotopien bieten einen realen Raum für Utopien, wie beispielsweise das Ehebett der Eltern in den Augen der Kinder, denn «auf diesem Bett entdeckt man das Meer, weil man zwischen den Decken schwimmen kann. Aber das Bett ist auch der Himmel, weil man auf den Federn springen kann«. Dies sind Gegen-Räume, die den normalisierten Raum bestreiten. Foucault nennt Gärten, Friedhöfe, psychiatrische Institute, Bordelle und Gefängnisse als Beispiele für diese Gegen-Räume. Er versucht, eine »Heterotopologie«, eine Topologie dieser anderen Orte, zu etablieren und unterscheidet Kompensationsheterotopien (wie die der Kolonien) von Illusionsheterotopien (wie die der Bordelle, der besetzten Häuser, der Hütten, die Kinder im Spiel errichten usw.) Die von Techno-Subkulturen eroberten Räume können in diese letzte Kategorie eingeordnet werden. Der Begriff der Heterotopie ist ein interessantes Werkzeug zur Analyse des sozialen Verhaltens in städtischen Gebieten, insbesondere bei Techno-Partys (Mahlisch, 2011; Henschel, 2015). Losgelöst vom lokalen Raum, aber paradoxerweise lokalisierbar, ermöglicht die Heterotopie ein besseres Verständnis der Ränder, um die Artikulation zwischen Normen und Abweichungen zu erfassen. Als verborgener Raum kehrt die Heterotopie des Berghains die Normen um. Konkret wird das, was der Sichtbarkeit entgeht und von außen anormal erscheint (wie z. B. nackt zu tanzen, sexuelle Beziehungen in der Öffentlichkeit zu haben), im Inneren der Heterotopie als normal angesehen und akzeptiert. Umgekehrt: diese Verhaltensweisen im Namen der Normalität zu beurteilen und als abweichend zu bezeichnen, würde im Raum des Berghains ebenso als

28 Foucault, Michel (2010), Die Heterotopien/Der utopische Körper. Zwei Radiovorträge, zweisprachige Ausgabe, übersetzt von Michael Bischoff. Mit einem Nachwort von Daniel Defert. Frankfurt/M.: Suhrkamp, 2005.

abweichend gelten. Die Heterotopie macht die Umkehrung der Normen sichtbar. An diesen anderen Räumen müssen wir die Artikulation des Sozialen und des Raums in Betracht ziehen[29], sie als Mittel zur Aktivierung des lebenden Körpers analysieren. Für Foucault basieren die Heterotopien auf sechs Grundsätzen[30].

Das erste Prinzip der Heterotopien: Jede Kultur produziert ihre eigenen Heterotopien, die sich, so Foucault, in zwei Kategorien einordnen lassen: Krisenheterotopien und Abweichungsheterotopien. Die Krisenheterotopien sog. primitiver Gesellschaften, waren privilegierte, heilige und dem Rest der Gesellschaft verbotene Orte (wie Kasernen oder Pensionate im 19. Jahrhundert), die für Menschen im Krisenzustand (menstruierende Frauen, ältere Menschen, Jugendliche etc.) reserviert waren. Sie wurden immer mehr von Abweichungsheterotopien ersetzt, in denen Menschen, die von der Norm abweichen, gesteckt werden (Gefängnis, Klinik). Das Berghain scheint sowohl den Merkmalen dieser geheiligten Refugien als auch der Definition der Abweichungsheterotopie zu entsprechen. Es ist ein Ort für diejenigen, die von der Norm abweichen. An diesem Gegenort nehmen Verhaltensweisen, die als pervers oder abweichend im Namen der herrschenden Moral stigmatisiert würden, wie der Drogenkonsum oder der Ausdruck von Sexualität und Nacktheit in der Öffentlichkeit, den Aspekt der Normalität an. Die Heterotopie des Berghains wirkt in diesem Sinne als Ort der Denormalisierung und Renormalisierung. Diese Form der Toleranz, die jegliche Beurteilung von Leuten aufgrund ihres Aussehens oder ihrer körperlichen Praktiken ausschließt, wird durch die im Club herrschende Halbdunkelheit erleichtert. Der Einzelne fühlt sich im gedämpften Licht und in dunklen Räumen weniger beobachtet und ist auch

29 Sabot, Philippe (2012) Langage, société, corps. Utopies et hétérotopies chez Michel Foucault. I(1), S. 17–35, hier: S. 13.

30 Siehe auch dazu Ralf Mahlich: Heterotopie im Kontext von Clubkultur. Eine Analyse des Techno-/Houseclubs Berghain nach Foucaults Konzept der »Anderen Räume«, Wissenschaftliche E-Book-Reihe, Band 3 (2009); Robert Henschel, Andere Orte. Andere Körper. Zum Verhältnis von Affekt, Heterotopie und Techno im Berghain, in Online-Publikationen der Gesellschaft für Popularmusikforschung, Jahrgang 13 (2015)

deshalb weniger auf die Verhaltensweisen um ihn herum bedacht, die sonst als abweichend gelten.

Das zweite Prinzip der Heterotopien: Heterotopien können im Laufe der Zeit andere Funktionen zugewiesen werden[31]. Sie haben, wie Normen, eine Geschichte, in der ihre Funktionsweisen unterschiedlich bewertet werden. Ein Beispiel dafür wäre die vorübergehende Umwandlung des Berghains im Herbst 2020 in einen immersiven Ausstellungsraum, kurz vor der zweiten Pandemiewelle. In dieser Hinsicht ist das Berghain keine Heterotopie an sich. So wird sein Umfeld heterotopisch erst während der *Klubnacht* oder auf der *Snax-Party*, aber es ist nicht der Fall, wenn das Berghain z. B. Konzerte, Ballette oder Ausstellungen veranstaltet. Heterotopien sind nicht ewig und der Blick der Gesellschaft auf sie kann sich im Laufe der Zeit ändern, wie die späte Zurückdrängung von Friedhöfen an den Stadtrand oder das Verschwinden von Bordellen in vielen europäischen Ländern zeigt. Seit der Entscheidung des Finanzgerichts Berlin-Brandenburg, den Club als Kulturinstitution zu klassifizieren, scheint dem Berghain eine neue Funktion zugewiesen worden zu sein. Diese neue, für die Stadt Berlin symbolträchtige Zuweisung unterstreicht die Ambivalenz des Prozesses der Institutionalisierung von Subkulturen, wenn sie von den Behörden anerkannt und integriert werden.

Das dritte Prinzip von Heterotopien: Sie fassen mehrere, manchmal widersprüchliche Raumfunktionen in einem Raum zusammen. Das Berghain ist nicht nur eine Tanzfläche, die von Bars flankiert wird. Es ist ein immersiver Raum, der aus ineinander verschachtelten Räumen besteht. Es vereint somit Schwellenräume, die zuerst überquert werden müssen (der Raum für Leibesvisitation, die Garderobe), Angliederungsorte (Toiletten, Bänke, Schaukeln), Tanzräume, Ruheräume (die Säule; der ehemalige Raucherbereich zwischen der Panorama Bar und dem Berghain), die Refugien der Intimität (wie die Dark Rooms und Nischen der Panorama Bar) oder sogar die Durchgangsbereiche (Treppen und Metallgänge, die es den Menschen ermöglichen, sich von einem Bereich zum anderen frei zu bewegen).

31 »[…] dass eine Gesellschaft im Laufe ihrer Geschichte eine immer noch existierende Heterotopie anders funktionieren lassen kann.« (S. 38)

Jeder Raum hat eine andere Helligkeit, was zu einer Anpassung des Sehens und – nicht nur im Dark Room sondern auch im gesamten Raum – zu einem visuellen und taktilen Abenteuer führt. Das vom Architektenbüro Studio Karhard renovierte Gebäude zwingt nicht zu einer vorgegebenen Art und Weise, den Raum in eine bestimmte Richtung zu durchqueren. Der Club bildet vielmehr ein verspieltes Labyrinth, in dem Räume verbunden werden können, ohne immer die gleichen Punkte durchlaufen zu müssen. Das Nervenzentrum des Berghains, d. h. die Tanzfläche im ersten Stock, befindet sich in der Mitte des Maschinenraums, etwas vor den hinteren Podien. Es ist sowohl das architektonische Zentrum – das vertikale Zentrum, aber auch das radiale Zentrum der horizontalen Ebene des Gebäudes – als auch der Schallpunkt, an dem das *Funktion-One* Soundsystem den klarsten und immersivsten Klang abgibt. Als dreidimensionaler Raum, der sich über drei Stockwerke erstreckt, welche durch eine Metalltreppe miteinander verbunden sind, bietet das Berghain durch seine Architektur ein leichtes Schlendern zwischen den Räumen, sowohl horizontal als auch vertikal[32]. Die Plastizität der Clubarchitektur und die variable Zuweisung von Räumen ermöglicht eine Vielzahl von körperlichen Konfigurationen. So haben viele Techno-Clubs keinen Ruhe- oder Rückzugsraum. Im Berghain hingegen ist dieses scheinbar widersprüchliche Nebeneinander von Partyräumen und Ruhe- bzw. Rückzugsräumen entscheidend für eine längere Party-Erfahrung, weil eben diese Rückzugsmöglichkeit dem Körper erlaubt, sich zu erholen. Überraschend ist auch die heterotopische Neuzuordnung von Räumen durch das Publikum. Einige Räume werden vom Publikum zweckentfremdet und bekommen eine neue Funktion. Unter diesem Gesichtspunkt können die legendären Toiletten als typischer Ort der Zweckentfremdung innerhalb der Heterotopie betrachtet werden. Es sind viel mehr als Toiletten: dieser Ort der Stille und der Intimsphäre wird von ihrem Gebrauch durch Stammgäste in einen sprudelnden Sozialisierungsort umgenutzt, einen Ort der Begegnung und des Austauschs. Ebenso ist die Tanzfläche nicht nur eine Tanzfläche. Sie kann auch zweckentfrem-

32 Zur Analyse des Raums, siehe Johnson, Graham, *Post-ritual space: Berghain*, 2016. https://suspendedreason.com/2016/12/23/post-ritual-space-berghain/

det, als unerwarteter Sexspielplatz, genutzt werden. Die Räume sind weder starr noch einer festen Funktion zugeordnet. Wäre die große Bett-Schaukel des Berghains nicht eben wie das Ehebett der Eltern, auf dem die Kinder spielen, jener Gegen-Raum schlechthin, von dem Foucault in seinem Essay spricht?

Das vierte Prinzip von Heterotopien: Sie sind eng mit Heterochronien verbunden, etablieren also ein radikal anderes Konzept von Zeit. Die Zeit des Feierns ist an sich schon eine Heterochronie. Das Berghain stört damit das Verhältnis zur Zeit. Von 16 (im Durchschnitt) bis zu 36 Stunden in einem Raum zu feiern, bedeutet, sich von seinem Biorhythmus zu entfernen und in eine andere zeitliche Dimension einzutreten. Die Zeit im Berghain verweigert sich jeglicher Berechnung. Während es in den großen europäischen Hauptstädten üblich ist, kurz nach Mitternacht in einen Club zu gehen und vor dem Sonnenaufgang nach Hause zu kehren, gehen die Stammgäste selten zu den »festen« institutionalisierten Party-Zeiten ins Berghain. Es ist üblich, dass Stammgäste sonntags früh aufstehen, um dorthin zu gelangen, während die meisten Party-Touristen eben zu diesem Zeitpunkt ins Hotel zurückgehen. Völlig vor dem Licht von außen geschützt, ist das Berghain bestrebt, die Grenzen zwischen Tag und Nacht zu verwischen, Tag in Nacht zu verwandeln, die Heterochronie durch Verdunklungsrollos und lichtabweisende Fensterfolien einzuführen. Die Nacht wird nicht mehr wie üblicherweise als die Kehrseite des Tages betrachtet: Tag und Nacht verschmelzen. In nur wenigen Sekunden – diesem Augenblick der geteilten Magie – spielen die Rollläden der Panorama Bar tagsüber mit den Tänzerinnen und Tänzern und erinnern sie an die Existenz von Tageslicht. In diesem Hin und Her zwischen Licht und Dunkelheit fallen die »Gebote der Sichtbarkeit und Transparenz« (Foessel, 2017[33]). Denn im Berghain, wie uns der Philosoph in Erinnerung ruft, »kommen die Lichter nicht von oben, noch strahlen sie von einem Zentrum, um das herum die Menge kommuniziert. Der Tag stellt sich der Nacht nicht entgegen, sondern wir erleben ein Spiel zwischen Schatten und Licht. Durch dieses visuelle Spiel,

33 Fœssel, Michaël, La Nuit. Vivre sans témoin, Editions Autrement, Les grands mots, 2018, S. 245.

verstärkt durch die Geräuschkulisse, verschwimmt der Übergang zwischen Tag und Nacht. Die TeilnehmerInnen verlieren das Gefühl für die Zeit an sich. Es scheint mir, dass diese Variationen eine größere Unschuld des Blicks zulassen, eine Nachsicht gegenüber dem, was wir sehen, und letztlich eine Erfahrung erlauben, die nicht mehr auf die Dualismen Gut und Böse, Wahr und Falsch angewiesen ist.«[34] Es ist deshalb nicht verwunderlich, dass die Panorama Bar, heller als die Berghain-Tanzfläche, nicht der bevorzugte Ort für Stammgäste ist. Die Feierzeit, die 36, manchmal 72 Stunden beträgt, bricht mit der produktivistischen Zeit. Das damalige Kraftwerk, der Ort der Produktion und Symbol der Industriegesellschaft ist, verwandle sich hier in einen kontraproduktiven Ort und die Techno-Party bilde, so Foessel, die Hauptfigur dieses »unproduktiven Energieaufwandes«, den er als »einen Sieg über die produktivistische und im Wesentlichen tägliche Skandierung der Zeit«[35] ansieht. In Berlin spielt sich Heterochronie nämlich auf Industriebrachen ab. Die Stammgäste des Berghains profitieren gewissermaßen von einer Drittzeit, die es ihnen ermöglicht, dem Gebot einer Zeit zu entkommen, die sich den Erfordernissen der Wirtschaftlichkeit zuwendet. Auf die letzten beiden Kriterien der Heterotopien kommen wir später zurück.

Berlin als kulturelle Oase

Das ist wohl nicht nur das Markenzeichen des Berghains, sondern von Berlin an sich, das sich in mancherlei Hinsicht als Heterotopie bezeichnen lässt. Wenn das Berghain als Heterotopie gelesen werden kann, so deshalb, weil es selbst von einem heterotopischen Umfeld profitiert. Als Enklave zur Zeit des Kalten Krieges war Westberlin der einzige Ort in der BRD, an dem

34 Interview mit Michaël Fœssel: «Le propre du noctambule, c'est d'être mal à l'aise avec les impératifs de visibilité ou de transparence», in Libération, C. Daumas, S. Blin, 28.04.2017.

35 Fœssel, Michaël, *Berlin: voyage aux marges du capitalisme contemporain*, in Esprit 2011/11, S. 114–126.

man dem Militärdienst entgehen konnte. Deshalb zog Berlin in den 1970er und 1980er Jahren viele junge Menschen, Kriegsdienstverweigerer und Pazifisten, Antikapitalisten, Punks, Veganer, Künstler usw. an. Berlin hat diesen sozialen Gruppen eine Plattform für reale Utopien und Gemeinschaftsexperimente (Wagenburgen, besetzte Häuser usw.) geboten. Die legalisierten autonomen Wohnprojekte Køpi und das Tuntenhaus (Gemeinschaftsprojekt der LGBT+-Gemeinschaft im Prenzlauer Berg) zeugen vom Überleben dieser Heterotopien. Eine schnelle Gentrifizierung sucht die Stadt heim, aber Berlin hat immer noch die Besonderheit, eine Stadt am Rande zu sein, im Vergleich zu Städten wie München oder Hamburg. Es wäre vereinfachend, von den Berlinern zu sagen, dass sie arbeiten, um zu leben, anstatt zu leben, um zu arbeiten. Jedoch erinnert uns diese Redewendung daran, dass Arbeit bzw. die Suche nach Effizienz und Gewinn oft keine Grundwerte für die Berliner darstellen. Blaumachen und Krankenscheine seitens der Arbeitnehmer gehören zum Alltag für Berliner Unternehmen. Sich am Montag nach einem Party-Wochenende krank melden ist nicht unüblich. In Friedrichshain und Kreuzberg gibt es kaum Unternehmen mit hoher Wertschöpfung, dafür viele vegane Eisdielen, Secondhand-Spielzeug-/Bekleidungsgeschäfte, Fahrradwerkstätten und eine große Anzahl von Tattoo-Salons. Berlin ist auch kein Finanzplatz wie Frankfurt und verfügt seit dem Zusammenbruch der DDR-Staatsunternehmen nur noch über wenig Industrie. Im Gegensatz zu Paris besteht die Geographie der Stadt aus einer Vielzahl von »Entschleunigungsoasen«: Clubs, Seen, Parks usw. (Foessel, 2011: 120).[36] 2018 gibt es in der Stadt noch 17 Wagenburgen, grüne Oasen, die über die ganze Stadt verteilt sind. Der Erhalt des ehemaligen Militärflughafens Tempelhof im Herzen der Stadt, für den die Berliner Bevölkerung 2014 per Referendum gestimmt hat, unterstreicht die generelle Ablehnung einer Logik der Bebauung und einer Sanierung dieser von den Behörden als »unproduktiv« angesehenen Räume. In Berlin tritt ja die Zeit in den Dialog mit dem Raum: Bars schließen oft nicht zu festen Zeiten, sondern mit dem letzten Kunden. Einige Clubs dürfen dank einer Dauerlizenz bis

36 Foessel, Michaël, *Berlin: voyage aux marges du capitalisme contemporain*, in Esprit 2011/11, S. 114 à 126.

zu drei Tage am Stück öffnen. Entgegen dem Gebot der Dringlichkeit wird der Rhythmus der Stadt durch den Zyklus der Partys bestimmt. Berlin ist ein heterotopisches urbanes Umfeld. Sie ist wie im Roman *Demande à la Nuit* von Anne Laure Jaeglé »die Stadt der Maler ohne Galerien, Geschäfte ohne Kunden, Partys ohne Anlass, Sex ohne Lebensprojekt« (Foessel, 2011: 125). Oft hat das Nachtleben dazu beigetragen, die Privatisierung von Randgebieten zu verlangsamen und die Identität Berlins zu stärken. Die Frage bleibt, wie lange noch. Dem *Kitkat* und dem *Sage Club* drohten das Auslaufen ihrer Mietverträge ab Juni 2020. Clubmanager haben mit dem ständigen Anstieg der Mieten zu kämpfen. Das Grundstück, auf dem sich der Club Griessmühle in Neukölln befindet, wurde von einem Investor gekauft und stand vor einer Umnutzung, die die Betreiber zwang, einen neuen Raum zu suchen. Inzwischen wurde eine neue Location im Stadtteil Niederschöneweide auf dem Gelände der ehemaligen Brauerei Bärenquell gefunden und der Club im Sommer 2020 unter dem Namen *Revier Südost* wiedereröffnet. Auch die Techno-Clubs *About Blank*, *Else* und *Die Wilde Renate* stehen kurz vor der Schließung, da sie sich auf der Strecke eines Projekts zum Bau einer Auffahrt an der Bundesautobahn A100 befinden. Durch die Transformation dieser Leerflächen und Umbauarbeiten haben die Techno-Subkulturen wertlose Räume aufgewertet. Die meisten Clubbetreiber sind jedoch nicht die Eigentümer der Immobilien, in denen ihr Club sich befindet. Sobald diese Immobile genug im Wert gestiegen ist, versuchen Immobilienakteure, sie sich anzueignen, sei es um Wohnraum zu schaffen, als Investitionsobjekt oder für sonstige Formen der finanziellen Nutzbarmachung. Mit über 200.000 Zugezogenen in den letzten fünf Jahren benötigt Berlin dringend mehr Wohnungen. Heterotopien sind nicht ewig, und die Frage der Erhaltung dieser Gegen-Räume in der Stadt ist ein brennendes Thema, mit dem sich die Behörden auseinandersetzen müssen, damit Berlin seine kulturelle Identität bewahren kann. Die Schließung von Clubs und die Räumung der Liebig 34, dieses »anarcha-queer-feministischen« Hausprojektes, das wie das in der Rigaer Straße 94 als Symbole der autonomen Szene galt, zeigen, dass dieses Problem noch lange nicht gelöst ist.

Eintritts- und Austrittsrituale

Das fünfte Prinzip von Heterotopien ist nach Foucault das Öffnungs- und Schließsystem, das sie von außen isoliert, was Rituale des Ein- und Ausgangs und Initiationsriten impliziert. Im Berghain sind diese extrem kodifiziert. Der Zugang zum Club ist sehr schwierig, entweder erlaubt oder verhindert durch Türsteher, die eine physische Barriere zwischen dem Innenraum und dem Außen schaffen. Das Sicherheitspersonal garantiert, dass der Platz vor dem Eingang frei bleibt und verscheucht schonungslos die Einlasswilligen, die sich zu lange vor der Tür aufhalten, anstatt in der Warteschlange anzustehen. Die Türsteher erfüllen drei Funktionen (Preiser, 2017)[37]: den Ein- und Austritt zu regulieren, auszuschließen (bei Verstoß gegen die Hausordnung) und in einzelnen Fällen einige privilegierte Stammgäste zur Tür herein zu winken. Die wachsende Zahl von Touristen, die das Berghain erleben wollen, zwingt den Club zu einer drastischen Auslese vor der Tür. Dieser strenge Auswahlprozess garantiert die Präsenz eines homogenen Publikums bei aller Heterogenität. Die Verführungskraft der Berghain-Szene hängt von dieser strengen Selektion ab. Es gilt vor allem darum, wie die Clubcommission erklärt, durch »die Exklusivität des Zugangs« zur »Mythenbildung einer Clubszene« beizutragen, was »damit auch die wahrgenommene Attraktivität der Mitgliedschaft in einer Szene« erhöht[38].

In der Warteschlange wird die Einhaltung impliziter Verhaltensregeln verlangt, die den Zugang zum Club erleichtern und von den Gästen schnell verinnerlicht werden: sprich nicht laut oder gar nicht, wenn du in der Reihe stehst; lösche deine Zigarette in der Nähe der Türsteher; sei nicht zu jung oder zu heteronormativ; zeige keine Statussymbole; warte darauf, dass die Türsteher dich ansprechen; vermeide möglichst in Gruppen zu ge-

37 Siehe Preiser, Christine (2017), Dissertationsarbeit zur Ethnografie über Türsteher in Deutschland. The border watchmen of nightlife. An ethnography on bouncers in German nightclubs.

38 »Als typische Schreckgespenster gelten Touristen und Prolls bzw. Techno-Atzen, die eine potentielle Gefahr für die Atmosphäre einer Veranstaltung darstellen können«, in: Studie der Clubcommission zur Clubkultur 2019.

hen – eine zu große Gruppe schränkt die Interaktionen innerhalb der Gemeinschaft ein oder kann sogar ein Potenzial für soziale Konflikte auf der Tanzfläche bergen. Dieses Schlangenritual zielt darauf ab, das, was Erving Goffman die »persönliche Fassade« nennt[39], d. h. die Attribute des Selbst, d. h. Unterscheidungsmerkmale, Status, Kleidung, Gesichtsausdruck, Gesten, Emotionen, so weit wie möglich durch die Kunst des *Poker Face* zu verheimlichen. Die Menschen sollten nicht zu viel erscheinen lassen und so unauffällig wie möglich sein. Die Tür, die im Vergleich zur Wuchtigkeit des Gebäudes geradezu winzig wirkt, fungiert als Schleuse: Identifizierung der Stammkunden und Akzeptanz vs. Ablehnung neuer Kunden. Schon das Verhalten in der Warteschlange lässt den Einweihungsgrad der Stammgäste erkennen. Im Diskurs der Befragten gibt es diejenigen, die sich anstellen; diejenigen, die sich vordrängeln, ohne erwischt zu werden – und es allgemein für legitim halten, als *Regular* sich nicht anzustellen; diejenigen, die gelegentlich auf der Gästeliste stehen; diejenigen, die bei den Türstehern eine Vorzugsbehandlung genießen und nicht mehr anstehen müssen.

> »Ich bin das erste Mal im Januar ins Hain gegangen, aber erst ab Mai musste ich vor zwei Jahren nicht mehr in der Schlange stehen. Es geschah so; es war ein Wochenende mit einer unglaublich langen Schlange. Ich musste genau 4 Stunden und 11 Minuten warten. Er sah mich an und muss sich gefragt haben, ob er mich reinlassen würde oder nicht, wahrscheinlich weil er sah, dass ich friere. Am folgenden Wochenende war es genau das Gleiche. Es war immer so kalt, es regnete in Strömen und ich hatte überhaupt nicht vor, wieder in der Schlange zu stehen. Ich dachte, ich gehe direkt zur Tür, wir werden sehen, ob sie mich reinlassen und wenn sie mich nicht reinlassen, gehe ich nach Hause, frühstücke und komme später wieder. Ich sagte Hallo und er sagte mir, ich solle reinkommen. So einfach war das. Seitdem stehe ich nicht mehr in der Schlange. Er sagte mir nicht ausdrücklich, ich solle nicht mehr in der Schlange stehen.

39 Goffman, Erwin, The Presentation of Self in Everyday Life. University of Edinburgh Social Sciences Research Centre, 1959.

> Ich gehe seitdem direkt zur Tür und habe immer Angst, dass sie sagen würden: ›Was willst du?‹ aber das gab es nie.« (M., Deutschland)

Die Begleitung durch einen Stammgast ist ein Element, das den Zugang zum Club sicherlich erleichtert. So führen die Stammgäste die Uneingeweihten schon in der Warteschlange in die Clubgebräuche ein, beraten sie vorher in Bezug auf Kleidung, entgendern sie gegebenenfalls, erklären ihnen die expliziten (kein Foto, keine Drogen im öffentlichen Raum) oder impliziten Regeln (z. B. dem Barpersonal nicht zuwinken). Das Verhalten der Menschen in der Warteschlange ist oft ein Indikator für den Einweihungsgrad. Wenn jemand sich vordrängelt, ist es nicht üblich, seine Missbilligung auszudrücken, da das Vordrängeln als Insiderpraxis identifiziert werden kann. Jemanden zu schelten, der sich nicht anstellt, würde außerdem gegen das Prinzip der »Neutralisierung der persönlichen Fassade« verstoßen, das an der Tür herrscht. Aus diesem Grund ziehen es viele vor, zu schweigen. Dieses Ritual des Ein- und Austritts ist entscheidend, denn bis auf wenige Ausnahmen wurden auch die Stammgäste schon einmal, manche sogar mehrmals, abgewiesen. Das Erleben dieser anfänglichen Abweisung, die bis zum Einlass von den meisten Stammgästen geteilt wird, trägt zum Gefühl der Zugehörigkeit zur Gemeinschaft bei. Das Berghain hat jedoch die Besonderheit, die Stammgäste in einem Zustand ewiger Unsicherheit zu halten. Wenn sie mehrmals hintereinander von den Türstehern reingelassen werden, ist dies keine Garantie dafür, dass sie in Zukunft immer akzeptiert werden. Der Aufnahme-Ritus muss immer wieder gespielt werden. Der Regeln des Berghain erlaubten es, bis zum Herbst 2019 nach Verlassen des Clubs kostenlosen Wiedereintritt zu finden. Dies ist nicht mehr der Fall. Es ist nun notwendig, einen Obolus zu zahlen, um ins Berghain zurückkehren zu dürfen. Die Heterotopie hat einen Preis: 18 € jetzt + 5 € für einen Wiedereintritt.

Als letztes Prinzip der Heterotopien setzt Foucault die Illusionsräume den Kompensationsräumen (wie die Kolonien der Jesuiten) entgegen. Als Illusionsräume erschufen z. B. die früheren Bordelle die perfekte Illusion einer »anderen« Wirklichkeit. Diese beiden Kategorien »stellen andere Räume in Frage, und zwar auf zweierlei Weise: entweder […] indem sie eine Illusion schaffen, welche die gesamte übrige Realität als Illusion entlarvt, oder indem sie ganz real einen anderen realen Raum schaffen, der im Gegensatz zur wirren Unordnung unseres Raumes eine vollkommene Ordnung aufweist« (ebd.). Das Berghain lässt sich in mancher Hinsicht in die Kategorie der Illusionsräume einordnen, da es die Illusion eines freien Raums schafft, in dem die Lüste zwar ausgelebt aber auch diszipliniert und reguliert werden. Innerhalb des Clubs herrschen andere Normen als außerhalb. »Die Illusion wird durch die Diskrepanz zwischen den Normen des Clubs und der Außenwelt erzeugt.« (Wadbled, 2020)[40] Wenn die meisten Stammgäste behaupten, dass sie nur im Berghain die Möglichkeit haben, sie selbst zu sein, im Gegensatz zu einer vermeintlichen Fassadenidentität, zu der sie die Gesellschaft zwingt, so drücken sie dieses Gefühl der Befreiung von den am Tage herrschenden Normen aus. Diese Befreiung von den Normen der Außenwelt bedeutet aber nicht die Befreiung von allen Normen, was zu einem Gefühl der Konfusion führen kann. Wie Wadbled schreibt: «Diese Interpretation steht im Einklang mit einer Kritik an der Industrialisierung der Lüste[41]. Die wachsende Bedeutung, die der Organisation und Kontrolle des Feierns beigemessen wird, würde bedeuten, dass es nur noch künstliche Partys in einem äußerst disziplinierten sozialen Raum gibt. Aus dieser Perspektive können die Clubbesucher in einem Raum Widerstand leisten, der dennoch ein Raum des organisierten Konsums ist, oder sie fallen einer Illusion zum Opfer, an deren Aufrechterhaltung die Partyindustrie Interesse hat. Wie die anderen Clubs gehört das Berghain dann doch zur Außenwelt, von der es die Kehrseite wäre, sofern die Norm genauso funktioniert.« (ebd.) Die Welt der Lüste ist von der Disziplinarmacht, die sie reguliert, nicht zu trennen.

---

40 Nathanaël Wadbled. Les paysages du Berghain, un espace de discipline de soi. Libération des normes et régulation normative des comportements dans une boite de nuit berlinoise. Luc Gwiazdzinski; Marco Maggioli; Will Straw. Night Studies. Regards croisés sur les nouveaux visages de la nuit, Elya Éditions, pp. 326–345, 2020

41 Siehe Michaud Y., 2012, Ibiza mon amour – Enquête sur l'industrialisation du plaisir, Paris, NiL éditions, 352 p.

Raum und Riten

> »In der Kirche war es streng. Ich war sehr lange mit einem Katholiken verheiratet, mit einem sehr religiösen Amerikaner. Er war Mitglied der evangelischen Pfingstler. Frauen durften zum Beispiel keine Hosen tragen, keine Bücher außer religiösen Büchern lesen, noch durften sie Musik hören, außer religiöser Musik. Frauen trugen Schleier und das Vergnügen am Geschlechtsverkehr war verboten. Es war sehr schwer. Wenn ich an die Kirche zurückdenke, denke ich an all diese Regeln. Deshalb gefällt es mir nicht, wenn man das Berghain mit einer Kirche vergleicht. Glücklicherweise bin ich vor zwei Jahren aus der Kirche ausgetreten. Ich habe nichts mehr mit der Kirche zu tun. Ich musste kämpfen, um rauszukommen. Im Grunde genommen waren meine Eltern nicht religiös, aber es kam durch die Schule. Ich war in einer sehr religiösen Schule. Es gab einen Priester, der immer das Feuer der Hölle vorausgesagt hat. Er hatte Recht, ich bin im Berghain gelandet!« (M., Deutschland)

Das Berghain wird oft mit einer Kathedrale oder einem heidnischen Tempel verglichen. Die *Regulars* selbst verwenden den Ausdruck »in die Kirche gehen« oder »zur Messe gehen«, um mit Humor zu sagen, dass sie sich am Sonntag ins Berghain begeben, als würden sie zum Gottesdienst gehen. T. Rapp vergleicht die magisch-religiöse Erfahrung von Technofans aus der ganzen Welt, die das Berghain besuchen, mit der Pilgerfahrt der Muslime nach Mekka und schreibt: »Der Initiationsritus setzt sich mit dem sorgfältigen Drogencheck fort, den man im Kassenraum durchläuft: die rituelle Reinigung. Danach entrichtet man seinen Obolus, auch ein religiöser Akt.« (Rapp, 2009) Der Raum des Berghains mit seiner 18 Meter hohen Decke ist leicht als Kirchenschiff zu deuten. Die Glaswände auf der rechten Seite, die die große Bar – als Seitenschiff – von der Tanzfläche trennen, sind wohl vergleichbar mit Kirchenfenstern eines gotischen Doms[42]. Im Berg-

42 Die Kirchenfenster hatten einst die Aufgabe hatten, das physische Licht in ein göttliches Licht – als Zeichen der Transzendenz – zu verwandeln, d.h. eine göttliche Präsenz in die Kirche zu bringen.

hain ist die durch die Höhe der Säulen induzierte Erhebung des Blicks eine visuelle Erfahrung, die derjenigen sehr ähnlich ist, die in gotischen Kathedralen gemacht werden kann (Johnson, 2016). Die Beleuchtung hebt die imposanten Betonsäulen und ihre rosettenförmigen Basreliefs hervor. Das caravaggioartige Spiel mit Licht und Schatten verherrlicht den Raum, verklärt ihn und verstärkt seine Sakralität. Die architektonische Gestaltung und die Inszenierung des Gebäudes bereiten auf sensorischer Ebene auf die Erfahrung des Göttlichen vor.

Aus methodischer Sicht ist es jedoch notwendig, zu klären, was mit Riten also gemeint ist, und die Architektur des Berghains als Raum der ästhetischen Erfahrung und der Transzendenz zu entschlüsseln[43]. Denn der Berghain-Raum schafft mehr als jeder andere Club eine immersive Atmosphäre, die diese Erfahrungen fördert und Empfindungen anregt. Die Kategorien des Heiligen und Profanen scheinen hier relevantere Analysewerkzeuge zu sein als religiöse Analogien. Das Geistige braucht nicht auf die Kirchenwände beschränkt zu sein. Durch seine architektonische Struktur eignet sich das Berghain für heidnische Formen der Inszenierung des Heiligen. Durch die Monumentalität seiner 45 m hohen Fassade verstärkt, kontrastiert durch die Kleinheit der Eingangstür induziert das Berghain das Aufblicken sowohl innen als auch außen. In der Warteschlange blikken schon die Gäste zu den Fenstern der Panorama-Bar im ersten Stock auf, die von innen mit Scheinwerfern hinterleuchtet sind und von außen wie intermittierend beleuchtete Buntglasfenster wirken. Von außen können wir das Echo der Vibrationen und die Blitze der Lichter wahrnehmen, die die Sehnsucht schüren. Mehr als eine totale Opazität, ist es vielmehr eine suggerierte Opazität, die sich zwischen dem Inneren (dem Raum des Heiligen) und dem Äußeren (dem Raum des Profanen) etabliert. Insofern lässt sich das Berghain als reine Projektionsfläche, als Sehnsuchtsort interpretieren, indem man nur das Äußere sieht und sich vorstellt, was im Inneren vorgehen mag. Auch im Inneren erzwingt das Gebäude die Vertikalität des Blicks, denn sobald man durch die Garderobentür geht, wird der

43 Siehe Rainer Warning, Heterotopien als Räume ästhetischer Erfahrung, München 2009 (Fink Verlag).

Weg senkrecht durch die große Metalltreppe zurückgelegt, die zur Tanzfläche führt. Die Höhe der Decke und das gedämpfte Echo des Techno, das wahrgenommen wird, bevor man das Spektakel sieht, leitet den Blick nach oben. So wiederholt sich das visuelle Erlebnis auf der Tanzfläche, wo die Höhe der Fenster und die Beleuchtung der Betonbalken durch die Scheinwerfer den Blick zur Decke wie in die Tiefen einer Höhle lenken (Johnson, 2016)[44]. Die von dem Berghain zur Tanzfläche der Panorama-Bar im zweiten Stock führende Metalltreppe schafft eine ähnliche Konfiguration, die den Blick nach oben leitet. Johnson zitiert C. Alexander[45] (1977): »In all cultures it seems that whatever it is that is holy will only be felt as holy, if it is hard to reach, if it requires layers of access, waiting, levels of approach, a gradual unpeeling, gradual revelation, passage through a series of gates«. Dies gelte für die aztekischen Pyramiden, die Festungen der Stadt Peking, die in die Verbotene Stadt führen, oder die sieben Wartezimmer, die zum Papst führen. Die Schwierigkeit, einen Berggipfel zu erreichen, steigere umso mehr die Freude am Ausblick. So steigere auch die Schwierigkeit, den Berghain-Weg mit seinen aufeinander folgenden Ritualen bis zum Closing zurückzulegen (Schlange – Türsteherprobe – Leibesvisitation – Ausziehen – Metamorphose durch die Bekleidung – Garderobe – Treppen – Tanzmarathon) die Erfahrung des Heiligen. Die zeitliche Reise durch das Berghain sei insofern eine Form der Pilgerfahrt, deren Intensität der Erfahrung mit der Dauer und Länge der Reise zum Endziel (dem Closing) einhergeht. Wenn wir Durkheims Definition[46] von Riten als Verhaltensregeln aufgreifen, die einen Menschen dazu bringen, ein bestimmtes Verhalten in Gegenwart des Heiligen anzunehmen und die Grenze mit dem Profanen zu markieren, können wir bestimmte Praktiken im Berghain im Sinne von Riten erfassen. Wenn es vielleicht übertrieben ist, im Drogencheck ein Reinigungsritual zu sehen, können wir von Übergangsriten im Sinne von Van

44 Johnson, Graham (2016), Post-Ritual Space: Berghain, in Suspended Reason. https://suspendedreason.com/2016/12/23/post-ritual-space-berghain/

45 Christopher Alexander, Sara Ishikawa, Murray Silverstein, A Pattern Language, Oxford University Press, 1977.

46 Durkheim Emile, in Les formes élémentaires de la vie religieuse, 1915, p. 56.

Gennep sprechen[47]. Der von ihm eingeführte Begriff der Liminalität bezieht sich auf eine der Phasen der Übergangsriten, auf diese Schwellenphase (liminäre Phase), die sich zwischen der pre-liminären Trennungsphase (von der Schlange zur Tür) bis zu den Angliederungsriten (post-liminäre Phase) befindet. Van Gennep definiert den liminalen – auch liminär genannten – Raum als einen Schwellenraum, der einen Übergang zwischen dem Säkularen und dem Heiligen schafft. Die Anfangsphase im Berghain beginnt mit dem Überschreiten der Schwelle. Aber in dieser Phase gibt es immer noch eine Situation der Unentschlossenheit. Erst mit einem Zeichen erlauben die Türsteher als Wächter der Schwelle das Recht auf Durchgang dieses Schwellenraums, der zur Domäne des Heiligen führt. Der Übertritt der Schwelle garantiert aber nicht immer den Eintritt. Man muss den Drogencheck bestehen und die Türsteher können ihre Entscheidung rückgängig machen. Der Berghain-Insider wird in einer unsicheren Situation gehalten, bis er den Stempel/das Armband erhält. Diese einleitende Phase folgt einer gewissen Abfolge: Entleeren der Taschen und Leibesvisitation; Markieren des Körpers durch das Ritual des Stempels, das den Eintritt in die Gemeinschaft besiegelt (jetzt ersetzt durch das prosaischere Ritual des Plastikbändchens um das Handgelenk); Übertritt einer zweiten Schwelle (Plastikvorhang); Ausziehen und optionales Anziehen der zeremoniellen Berghain-Kleidung; Übergabe einer Halskette mit einem Nummernschild um den Hals durch das Garderobenpersonal, etc. Auf diese so genannten Vorstufen folgen die Angliederungsrituale in der Gemeinschaft. Dieses Isolationsgebiet, wo die aufeinanderfolgenden Übergangsriten durchgeführt werden, entspricht somit der Definition eines Liminalraums. Die Angliederungsrituale werden daher in zwei Phasen durchgeführt, zuerst vom Club, dann von der Gemeinschaft selbst. Die Angliederung beruht auf der Teilung des gleichen Raumes, der durch Promiskuität begünstigt wird (Sitzbänke, Schaukel, Toilette) oder durch das Geschenk, das den Einzelnen an die Gemeinschaft bindet: z. B. das Herüberreichen eines Joints, eines K.o.-Tropfens, das Ziehen einer Speed-, Koks- oder Ketamin-Linie. In

47 Siehe Jean-Yves Dartiguenave, «Rituel et liminarité», in Sociétés 2012/1 (Nr. 115), S. 81–93.

Der verfemte Teil (1949) sieht Georges Bataille[48], der die von Marcel Mauss analysierte Sitte des Potlatsch neu interpretiert, in dieser unproduktiven Spende des Geschenks, ein Phänomen, das der spezifischen Marktlogik des Homo-Oeconomicus zuwiderläuft, eine Praxis, die den Zugang zum Inneren der sozialen Bindung erlaubt[49]. Dies ist das eigentliche Beispiel für ein rituelles Verhalten, das darin besteht, auf den möglichen Gebrauch von bestimmten Gütern zu verzichten. Diese Angliederungsriten bauen zwischenmenschliche Beziehungen zwischen den Berghain-Ravern auf, sie festigen die Bindungen durch diese auf gegenseitiger Hilfe und Spenden basierende Schenkökonomie:

> »Im Berghain sind es Menschen, die ich schätze, aber ich sehe sie nicht draußen. Wir sind auf der gleichen Wellenlänge. Ich weiß, wenn ich etwas brauche, du wirst mir helfen. Ich helfe dir dabei. Ich kann dir eine Linie ziehen, wenn du eine Linie brauchst. Du wirst mir ein Teilchen geben. Auch wenn es sich um eine individuelle Erfahrung handelt, gibt es einen Sinn für Gemeinschaft und Solidarität... Wir helfen uns gegenseitig. Zum Beispiel war ich vor ein paar Wochen auf einer Party in New York. Die Leute waren genauso gekleidet wie im Berghain, aber es ist weniger gemeinschaftlich, sie sind eher im Cliquenmodus. Es gibt kein Gemeinschaftsgefühl. Sie sagen dir »all good«, wenn sie jemanden sehen, der ein K-hole oder ein G-Loch macht. Es war in einem alten Lagerhaus. Jeder nahm Drogen in seinem Eckchen, ohne sie zu teilen.« (D., Schweiz)

Mit dem Gebrauch dieser anthropologischen Tools soll man jedoch vorsichtig umgehen. Denn diese liminale Phase beinhaltet, so Van Gennep, eine permanente Veränderung des Insider-Status, was hier nicht der Fall ist. Der Zugang zum Berghain ist zeitlich begrenzt (nur 36 Stunden) und

48 Georges Bataille, La Part maudite, Paris, Minuit, 1967. Bataille, Georges (1985), Die Aufhebung der Ökonomie: Der Begriff der Verausgabung, Der verfemte Teil, Kommunismus und Stalinismus, Die Ökonomie im Rahmen des Universums, Matthes und Seitz.

49 Siehe dazu Jean Marc Leveratto, *Georges Bataille et l'anthropologie du don*, in Le Portique, revue de philosophie et de sciences humaines, 29/2012.

ein regelmäßiger Zugang garantiert keinen dauerhaften Zugang. »Ich kenne den Club seit dem Ostgut (1999). Ich kenne viele Menschen drin, auch die der ersten Generation, aber ich habe immer Angst, dass mir eines Tages Nein gesagt wird.« (P., Australien) Ebenso gibt es im Inneren keine Ritualisierung von körperlichen Praktiken im engeren Sinne, keinen etablierten Zyklus von Tanz und Ruhe zum Beispiel. Die Inszenierung, der improvisierte individuelle Ausdruck der Körper, der Einsatz des eigenen Körpers als Performance des Selbst, ersetzen sofort die Rituale, wenn die liminale Phase vorbei ist. V. Turners Arbeit (1974) führt uns daher dazu, das Berghain eher als liminoiden Raum zu betrachten (ohne permanente Veränderung des Status von Individuen). Es hat zwar den rituellen Aspekt, hat aber nicht den formalen und übergangsmäßigen Aspekt der Liminalzonen. Um sich im Berghain auszudrücken, ist die spielerische Praxis des Feierns eher Teil eines »liminoiden Raums«, eines temporären unritualistischen Zeitraums, der mit den geltenden Sozialcodes und sozialen Hierarchien bricht (Johnson, 2016).

Der Weg zur Communitas?

Diese Übergangsriten im sakralen Raum des Berghains schaffen eine doppelte Illusion: es ist sowohl eine Illusion der dort herrschenden Meritokratie als auch eine Illusion des Egalitarismus, welcher in Wirklichkeit auf Willkür beruht. So verstärken die Berichte berühmter Persönlichkeiten, denen der Einlass verweigert wurde und die wie ganz normale Gäste Schlange stehen müssen, die Idee, dass der Ritus der Zulassung egalitär ist und auf alle zutrifft. Auch die Tatsache, dass auch Stammgäste wiederholt an der Tür abgelehnt wurden, bevor sie schließlich in die Gemeinschaft aufgenommen wurden, verstärkt den Scheinglauben, dass sich trotz der Willkür der Türpolitik und ihres Selektionsprinzips die Bemühungen um Zugang am Ende immer auszahlen, dass man sich dafür den Einlass verdienen muss. Die Türpolitik basiert auf einer strengen Selektivität, die zum Mechanismus der Gemeinschaftsbildung beiträgt. Diese Selektivität zielt auf die Bewahrung der Gruppenidentität ab und beruht auf einem doppelten Mechanismus: Inklusion geht mit Exklusion, Ähnlichkeit geht mit Differenzierung einher. Die Segregation ist ein Schlüsselelement, weil sie den Abstand zwischen dem Sakralen und dem Profanen, dem Inneren und dem Äußeren vergrößert. Wir können daher in dieser liminalen Zone viel mehr sehen als eine bloße Abfolge von Übergangsriten, sondern im weiteren Sinne einen Prozess der Aushöhlung, der zur *communitas* führt. Nach dem Anthropologen Victor W. Turner[50] bezieht sich dieser Begriff auf eine spontane Gemeinschaft, die sich in der rituellen Übung bildet, ein »vorübergehender« egalitärer Staat, im Gegensatz zur Struktur von Gesellschaften, in denen der Status jedes Individuums klar festgelegt ist, eine transitorische Anti-Struktur, in der soziale Unterschiede aufgehoben werden. Um Zugang zu dieser Communitas zu erhalten, teilen die Mitglieder der Gemeinschaft eine gemeinsame Erfahrung, insbesondere durch Übergangsriten. V. Turner unterscheidet zwischen *normative communitas*, deren Wesen, bedingt durch das Bedürfnis nach sozialer Kontrolle, in ein dauerhaftes soziales System organisiert werden soll, *ideological communitas* (die sich auf die Modelle utopischer Gesellschaften übertragen lässt) und *spontaneous or existential communitas*, bei der gleichberechtigte Individuen die transitorische Erfahrung der Einheit, der Osmose, des Zusammenseins machen. Das Berghain gehört zu der letzten Kategorie. Um es zu mit einem Beispiel zu illustrieren:

> »Ich arbeite in der IT-Beratung. Ich reise viel für die Arbeit. Wenn man unter der Woche einen seriösen Job hat, ist es wichtig, am Wochenende loslassen zu können oder Fetischkleidung tragen zu können, wenn man Lust hat. Im Berghain kümmert sich niemand um deinen sozialen Status oder was du im Leben machst. Im Berghain bin ich nicht, was ich tue.« (T., Deutschland)

Die spontane Communitas des Berghains führt einen Bruch mit der regulären sozialen Ordnung, insbesondere mit sozialen Hierarchien ein. Diese

50 Turner, Victor. »Liminal to Liminoid, in Play, Flow, and Ritual: An Essay in Comparative Symbology.« Rice Institute Pamphlet – Rice University Studies, 60, no. 3 (1974) Rice University: https://hdl.handle.net/1911/63159.

Aufhebung der regulären sozialen Rolle erleichtert die Intimität und Interaktion zwischen den TeilnehmerInnen. Das Berghain ist mehr als ein rein ritualisierter Raum. Es entspricht der Logik der Communitas. Es stellt Aspekte einer Anti-Struktur dar, welche die TeilnehmerInnen von ihrem sozialen Status, den sie im täglichen Leben einnehmen, befreit[51]. Die liminale Konfiguration bereitet die TeilnehmerInnen auf die gemeinsame Erfahrung einer Gemeinschaft vor, in der die soziale Ordnung auf den Kopf gestellt zu sein scheint. Die Gleichheit des Status drückt sich in diesem Schwellenzustand auf unterschiedliche Weise aus (Horst, 2012[52]). Dies drückt sich durch den Verzicht auf Statussymbole (z. B. Uhren oder andere Wertsachen), das Tragen ähnlicher Kleidung (meist schwarz, Choker, Ledergeschirr, etc.), die Minimierung von Geschlechtsunterschieden (materialisiert durch Unisex-Toiletten), Altruismus oder sexueller Gemeinschaft aus. Aber die Communitas ist nur von kurzer Dauer. Sie bindet Stammkunden nur für die begrenzte Zeit des Feierns, und das von den Stammkunden praktizierte »Berghain-Detox« kann der Vorbote eines endgültigen Ausstiegs aus der Gemeinschaft sein.

Das Berghain-Stammpublikum ist zwar eine Community auf Zeit, aber dennoch eine Community mit extrem ausgeprägten, publikumsbezogenen Umrissen im Vergleich zu anderen Berliner Clubs mit fließenderen Konturen. Fast alle der befragten Stammgäste gaben an, sich als Teil einer »Gemeinschaft« zu fühlen. Viele Leute kennen sich innerhalb des Clubs[53]. Diese enge Verbundenheit mit der originalen Communitas wird im Inneren ihres Leibes gespürt, so dass sich manche das Berghain-Logo oder die Stempel des Berghains unter die Haut stechen lassen, wie etwa der Künstler Erez Israeli[54]. Dies lässt sich mit einem Wort zusammenfassen: *Hainweh*. Dieses

---

51 Turner, V. The Ritual Process: Structure and Anti-Structure (Lewis Henry Morgan Lectures), Taschenbuch, 1996.

52 Laura Horst, Communitas und Anti-Struktur in der Hippie-Bewegung. Werte der Bewegung, Kommunenleben, Festival-Kultur, Drogengebrauch und Spirituelles, München, GRIN Verlag, 2012.

53 Die befragten Stammgäste berichteten in den Interviews, dass sie im Durchschnitt zwischen 30 und 100 Personen kennen.

54 Der Künstler besuchte an acht Wochenenden den Club und ließ sich später an verschiedenen Stellen des Vorderarms den Eingangsstempel tätowieren. Die

Portemanteau-Wort, das die Sehnsucht nach dem Berghain bedeutet, erinnert an diese in der Fremde empfundene Sehnsucht, wieder in der Heimat zu sein. Mit Hainweh ist diese Sehnsucht in der Außenwelt gemeint, bald wieder in dieser neuen Heimat zu sein, die die Berghainer oft als ein zweites Zuhause betrachten. Wegen der Corona-Krise haben sich diese sozialen Bindungen plötzlich und schmerzhaft aufgelöst, was zu einem Gefühl beigetragen hat, das Berghain noch stärker zu vermissen. Soziologisch gesehen verweist also Hainweh auf diese verlorene Communitas, die Nostalgie des Schlaraffenlands[55], wie im Gemälde Pieter Bruegels des Älteren (1567), wo die Raver, auf der Berghain-Schaukel liegend, sich den Wonnen hingeben. Oder wäre es auch vielleicht die Sehnsucht nach dem Hain im *Garten der Lüste* des Malers Hieronymus Bosch, an deren Motive der Berghain-Flyer »earthly delights« vom Mai 2014 erinnert?[56]

Die im Herbst 2019 aus der Initiative eines Stammgastes hervorgegangene Boykottbewegung war eher symbolisch und hatte keine relevanten Auswirkungen auf die Besucherzahlen. Zweifellos war der Boykott durch die – fast schon als physische und psychische Abhängigkeit zu bezeichnende – Bindung vieler Stammgäste an das Berghain von vornherein zum Scheitern verurteilt. Diese unter dem Motto »*Berghain Klubnacht Boykott*« versammelte Protestbewegung zeugt aber von einem unzweifelhaften Gemeinschaftsgefühl der Berghainer Stammgäste. Über Facebook haben fast 850 Personen[57] ihre Missbilligung der neuen Preispolitik des Clubs zum Ausdruck gebracht. Unter dem Vorwand, die Publikumsströme einfacher zu regulieren und die Besucherzahl zur besseren steuerlichen Überprüfung genauer kontrollieren zu können, entschied sich die Führung des Berghains, den historischen Stempel durch ein ordinäres Festival-Bändchen aus Plastik zu ersetzen. Außerdem wurde eine Preiserhöhung von 5 € beim temporären

---

Fotos dieses Werkes wurden 2019 im C/o Berlin ausgestellt.

55 Dieses Gemälde hat die Arbeit des Künstlers Cyprien Gaillard, *Land of Cocaine*, beeinflusst, die seit Herbst 2020 permanent im Berghain installiert ist.

56 Earthly delights: Berghain Flyer von Nicola Napoli, Mai 2014. http://www.nicolanapoli.com/portfolio/earthly-delights-berghain-flyer-i/

57 Zu denen noch tausend Personen hinzukamen, die ihr »Interesse« an dem Event bekundet haben.

Austritt eingeführt. Unter Hinweis auf die Gefahren einer zunehmenden Selektion der Clubbesucher aufgrund ihrer finanziellen Möglichkeiten und die mit dem vermehrten Drogenkonsum verbundenen Gesundheitsrisiken appellierte der Boykottinitiator nicht ohne Ironie an das Stammpublikum, das Berghain zu einem dreimonatigen Hausverbot zu verurteilen, wenn diese neuen Maßnahmen nicht zurückgezogen werden sollten. Es kam zu lebhaften Debatten im Facebook-Diskussionsforum. Mehr als einen Machtkampf wollte S., der Initiator des Boykotts, vor allem einen Dialog zwischen der Berghain-Führung und seinem Stammpublikum initiieren. Ohne Erfolg. Das Berghain ließ diesen Denkanstoß völlig unbeachtet. Zum ersten Mal in der Geschichte des Techno riefen Stammgäste zum Boykott ihres eigenen Clubs auf. Diese Boykott-Bewegung stellt die zentrale Frage nach Identität und Weiterbestehen des Techno-Publikums und erinnert uns in Anlehnung an die Boykottaufrufe der Ultra-Bewegungen in den Fußballvereinen daran, dass das Berghain ohne seine Stammkundschaft nicht zu denken ist und dass sein Publikum mehr Mitspracherecht fordert. Dieser fehlende Dialog mit der Leitung ist sicherlich ein Grund für die intern aufgekommenen Spannungen zwischen den Mitarbeitern und der Clubführung. Im Jahr 2019 beschäftigte das Berghain etwa 280 MitarbeiterInnen[58]. Nach der fristlosen Entlassung eines seit über 10 Jahren angestellten Mitarbeiters beschlossen die Türsteher und das Personal, einen Betriebsrat zur Unterstützung ihres Kollegen und zur Verteidigung ihrer Arbeitnehmerrechte zu gründen. Das Ausbleiben des Weihnachtsgeldes im Winter 2018 und 2019 ließ bei den »Unsichtbaren« Unmut aufkommen, jenen Berghain-Mitarbeitern, die unter der Woche arbeiten und im Gegensatz zum Barpersonal kein Trinkgeld bekommen. Denn wie J. M. Kühn (2017) und die letzte Studie der Club Commission (2019) es belegen, beruht auch die Wirtschaft der Techno-Szene auf vielen Minijobs und prekären Arbeitsstellen.

58 Wegen der Pandemie hat das Berghain seitdem MitarbeiterInnen entlassen.

Überwachen und verbannen

Die wenigen ethnographischen Studien, die sich dem Berghain aus der Perspektive der Heterotopie auseinandersetzen (Mahlisch, Henschel, Mardas), werfen zwar ein neues Licht auf die Berliner Technoszene. Sie lassen jedoch drei wesentliche Aspekte aus, die die Berghain-Heterotopie ausmachen: das ihr zugrunde liegende Überwachungs- und Strafsystem, die Selbstzwangmechanismen des Körpers und den Bezug zum Gender als gemeinschaftsstiftendes Element. Auf diese beiden letzten Punkte kommen wir später zurück. Foucault erinnert uns daran, dass Heterotopien immer ein Öffnungs- und Schließungssystem voraussetzen. Im Berghain basiert dies aber auf einer Disziplinarmacht, die die Kehrseite der Heterotopie darstellt. Niemand steht über der Willkür des Berghains, auch nicht die DJs. Beispiele dafür sind die Ausgrenzung von DJ Lucy und das Hausverbot, das Kobosil 2019 erhielt und den Resident-DJ zwang, seine Auftritte für einige Monate abzusagen. Überwachung und Verbannung sind blinde Flecken in der Analyse der Interaktionen zwischen dem Berghain und seinem Stammpublikum. Sanktionen sind keine Randerscheinung. Sie scheinen sogar einen guten Anteil der Stammgäste einmal in ihrer Raver-Laufbahn zu treffen[59]. Damit dieser Ort weiterhin als Raum der Freiheit und der Lockerung von Normativitätssystemen funktionieren kann, fungiert das Berghain auch als Kontroll- und Bestrafungsinstanz. In *Überwachen und Strafen*[60] (1975) beschrieb Foucault die Entstehung einer Überwachungsgesellschaft, angedeutet in George Orwells *1984*, in der alles unter ständiger Überwachung steht, unter dem prüfenden Auge einer hierarchischen Macht, des Panopticons. Die aufgesockelte Skulptur von Julian Göthe, die den Bacchus ersetzte und kurz vor dem Lockdown an der großen Treppe zur Berghainhalle installiert

59 Von den etwa vierzig befragten Menschen erhielten sechs ein dreimonatiges Hausverbot und vier eine unbefristete Strafe. Während kurzfristige Strafen unter den Stammgästen als legitim gelten, sieht sich jede zweite Person, die zu einem Hausverbot auf unbestimmte Zeit verurteilt wurde, als Opfer einer unbegründeten Strafe.

60 Foucault, Michel (1993), Überwachen und Strafen – Die Geburt des Gefängnisses (Originalausgabe: 1975), Suhrkamp.

wurde, zeugt von diesem allwissenden Auge. Ihre Stelle erinnert an die der Kandelaber im zeremoniellen Treppenhaus der Opéra Garnier aber auch gleichzeitig durch die große Lautsprecherbox an einen Wachturm, der die Exzesse der Berghainis jederzeit melden kann. Wenn Foucault das Panopticon[61] zum abstrakten Modell einer auf soziale Kontrolle ausgerichteten Disziplinargesellschaft macht, so ist sie im Grunde auch eine Ende des 18. Jahrhunderts erdachte Form der Gefängnisarchitektur. Es erlaubt einem Wärter, von einem zentralen Turm aus alle Häftlinge zu beobachten, ohne dass diese wissen, wann sie beobachtet werden und wann nicht. Das irische Gefängnis von Kilmainham[62] wurde in der viktorianischen Epoche nach dem panoptischen Modell gebaut und weist in dieser Hinsicht interessante Ähnlichkeiten mit der architektonischen Struktur des Berghains auf. Beide besitzen Systeme von Metalltreppen und -brücken, Durchgängen und Aussichtspunkte. Und auch wenn das Berghain mit seinen zellenähnlichen Nischen (Klobar/Darkroom) im engeren Sinne keinen zentralen Turm hat, der ein Atrium aus Gefängniszellen überragt, so bieten sich viele Punkte im Berghain als potentieller Standort zur Beobachtung von in anderen Räumen befindlichen Clubgästen an. Die Gäste blicken vom Steg über der Garderobe auf den Eingang herab, von der Berghain-Treppe auf die untere Etage vor der Säule; von der Panorama-Treppe auf die Tanzfläche des Berghains und schließlich vom Balkon über der Panorama-Bar auf die Pano-Tanzfläche. Die Transiträume sind durch ihre Erhöhung und architektonische Anordnung gleichzeitig auch Beobachtungsposten. Wie C. (USA) sagt: »Ich tanze gerne dort, auf dem Balkon über der Panorama-Bar, weil ich die Menge beobachten kann und die Leute ansehen kann, ohne gesehen zu werden«. Für M. (Frankreich) bietet der Balkon über dem Berghain die Möglichkeit, seine Freunde in der Menge zu erkennen: »Ich gehe oft mit einem Kumpel dorthin, der sehr groß ist. Wenn ich ihn also

61 Derwell Quefellec, 04.12.2019, »Le panoptique à l'origine de la société de surveillance«,
RadioSendung France Culture:
https://www.franceculture.fr/societe/le-panoptique-a-lorigine-de-la-societe-de-surveillance

62 Siehe Fotogalerie: www.ttnotes.com/kilmainham-gaol.html#

aus den Augen verliere, gehe ich oben auf die Berghain-Treppe, die zur Pano führt. Es ist ziemlich einfach, ihn trotz der Menschenmenge von oben herab zu erkennen.« P. (Deutschland) warnt die Neulinge: »Man muss sehr vorsichtig sein, wenn man außerhalb der Toiletten Droge nimmt. Am Anfang hat man nicht das Gefühl, beobachtet zu werden. Wenn du nichts falsch machst, werden sie dir nichts antun. Man darf aber nicht auffallen.«

Im Falle des Berghains erfolgt die Überwachung sowohl intern (im Club) als auch extern (durch eine Überwachung der sozialen Netzwerke im Schatten) und führt bei Regelverstößen zu gestaffelten Strafen in Form einer Vorwarnung, eines zeitweiligen Hausverbots (3 oder 6 Monate) oder – als schwerste Strafe – zu einem unbestimmten Hausverbot. Diese organisierte Überwachung hat einen doppelten Zweck: den Club als sicheren Raum für die Kunden zu erhalten und das Eintauchen des Profanen (durch das Einstellen von Videos oder Fotos in sozialen Netzwerken) in diesen heterotopischen Raum zu verhindern. Was die interne Überwachung des Clubs betrifft, so arbeitet der Berghain-Sicherheitsdienst in Zivil, im Gegensatz zu z. B. Pariser Clubs, in denen das Sicherheitspersonal durch seine Uniform identifiziert werden kann. Eine sichtbare Präsenz der Sicherheitsleute wird als ein partyhemmender Faktor genannt. Unsichtbare Sicherheitsleute tragen zur Illusion einer Lockerung der Überwachung bei. Eben dieses täuschende Gefühl der Freiheit trägt zur Enthemmung der Körper bei:

> »Als ich früher in die Pariser Techno-Clubs ging, war es unerträglich. Ich hatte immer jemanden im Nacken, üblicherweise ein Schwarzer mit einer Wanze, der dir beim Pinkeln zusah. Hier sind sie anwesend, aber man merkt sie am Anfang nicht. Die Leute lassen schneller los. Erst mit der Zeit lernt man sie zu erkennen.« (M., Frankreich)

Die von den Stammkunden empfundene Freiheit ist also von der wirklichen Freiheit abgekoppelt. Im Vergleich zu anderen Clubs bleibt das Berghain ein überkontrollierter Club. Das Sicherheitspersonal ist strategisch platziert und macht regelmäßige Streifen in den dunkelsten Nischen des Clubs. Dieses Gefühl der vollen Freiheit, das fast von allen Stammgästen geteilt wird, setzt also einen Prozess der Verinnerlichung des Erlaubten (z. B.

Rauchen eines Joints oder Sex in öffentlichen Räumen) und des Verbotenen (Konsum von den in öffentlichen Raümen nicht tolerierten Drogen) voraus, der schon lange vor dem Eintreffen der Sicherheitsleute begann:

> »Das Berghain ist der einzige Club, in dem ich mich absolut unbeobachtet fühle. Ich weiß sowieso, dass wir das Sicherheitspersonal benachrichtigen können, wenn sich jemand schlecht benimmt. Mit der Droge im Club muss man ein wenig vorsichtig sein. Solange die Mitarbeiter sehen, dass die Leute sich vernünftig verhalten, haben sie kein Problem damit. Aber wer Drogen nimmt, weiß, dass er das privat tun muss, damit er nicht auf frischer Tat ertappt wird. Es ist nicht erlaubt, im öffentlichen Raum Drogen zu nehmen. Man hat nichts zu befürchten, solange man es am richtigen Ort macht.« (P., Deutschland)
> »Ja. Es laufen Leute rum. Man lernt sie kennen. Sie suchen überall, auch an jeder Ecke, um zu checken, ob alles gut läuft. Man bemerkt sie. Ich kenne nicht alle, aber einige schon.« (T., Deutschland)

Die Freiheit im Club wird durch die Streifen des Sicherheitspersonals eingeschränkt, um bei den Stammgästen ein unangebrachtes Verhalten zu erkennen und darauf zu reagieren. Ein abweichendes Verhalten lässt sich unterschiedlich charakterisieren: Verlust der Selbstkontrolle aufgrund von Drogen (z. B. Ketamin, GHB oder Alkohol), sexistisches oder aggressives Verhalten, verbale Ausfälle gegen das Personal, Besitz von GHB/GBL, Drogenkonsum im öffentlichen Raum, Abreißen des Kameraaufklebers vom Smartphone, Foto- oder Videoaufnahmen, Verkauf von Drogen (Crack z. B.). Im letzteren Fall erfolgt die Zusammenarbeit mit der Polizei, erleichtert durch die unmittelbare Nähe der Polizeidienststelle Friedrichshain-Kreuzberg, und die auf frischer Tat ertappten Personen werden den Behörden übergeben. Im Eingangsbereich des Clubs Polizisten anzutreffen, ist selten, aber stellt seit einigen Jahren keine Besonderheit mehr dar. Verhaftungen sind diskret. Hervorzuheben ist, dass die vom Club ausgeübte Disziplinarmacht auch auf der Zusammenarbeit mit den Stammkunden und der Legitimität, die sie dem Club verleihen, beruht. Die Ausübung dieser Befugnis basiert nämlich auf der Beihilfe des Publikums und seiner aktiven Rolle bei der Meldung abweichenden Verhaltens. Diese Kooperation der Stammgäste mit dem Berghain ist entscheidend, denn sie trägt zum Aufbau eines sicheren Raums bei. Ohne die Hilfe des Publikums wäre es für das Berghain schwieriger, diesen Safe Space für seine Gäste zu garantieren. Das Sicherheitskonzept schließt die aktive Mitarbeit des Publikums ein, was zeigt, dass die Stammgäste die Machtausübung des Clubs im Allgemeinen als im Ganzen legitim ansehen. Die Denunziationspraxis wird daher nicht missbilligt, sondern von einigen der Stammgäste sogar gerechtfertigt und gefördert.

> »Ich finde das gut. Es ist mir ein paarmal passiert, Leute zu melden, die Fotos machen. Ich habe eine Person gesehen, die zwei Männer beim Sex gefilmt hat. Ich habe ihn sofort beim Sicherheitsdienst verpetzt. Das Personal konnte ihn leider nicht finden. Oder wenn ich sehe, dass jemand seinen Aufkleber abnimmt, verpfeife ich ihn. Es ist zum Wohle des Ladens. Ich habe manchmal Ärger gekriegt. Das war letztes Jahr. Ich wurde von einem Kunden angemacht. Ich habe ihn verpfiffen. Er hat ein Hausverbot bekommen. Der Sicherheitsdienst war sehr nett. Sie haben sich um mich gekümmert und mich gefragt, ob ich mit einer Frau sprechen möchte. Ein anderer blieb mir immer auf den Fersen. Er trug ein Outfit mit Streifen. Ich habe den Sicherheitsleuten gesagt, wenn er mich nicht in Ruhe lässt, melde ich mich gleich wieder. Die haben nicht lange gefackelt. Solche Situationen kommen vor, aber das Berghain hat es im Griff.« (M., Deutschland)

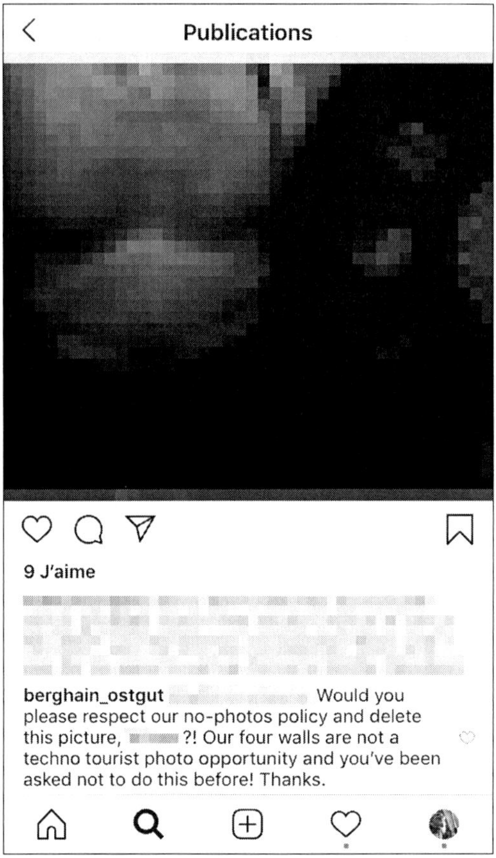

Abb. 1: Instagram-Screenshot von einem Stammkunden

Neben der internen Überwachung führt der Club hinter den Kulissen eine Kontrolle der sozialen Netzwerke durch, um das Geheimnis zu bewahren und das Privatleben der Kunden zu schützen. Die Verbreitung von Fotos oder Videos soll verhindert werden und somit die Vermischung des Heiligen mit dem Profanen. Dies setzt eine strenge Überwachung der Onlineblogs, der digitalen Presse und der sozialen Medien – insbesondere Facebook und Instagram – voraus. Im Falle von Publikationen im Internet werden die Nutzer mit dem Tagging-System aufgefunden und eindringlich darum gebeten, die Fotos zu entfernen (Abb. 1). Die Heterotopie wird also durch eine strenge Kontrolle der Bilder bewahrt. Werden die Vorschriften nicht eingehalten, wird bestraft. Die Schwere der Strafe soll die Schwere des Vergehens widerspiegeln. Das Einlegen einer Berufung ist nicht möglich. Beschwerden bleiben unbeantwortet. Ein erstmaliges Hausverbot dauert im Prinzip drei Monate, das zweite sechs, das dritte ist unbestimmt, also bis auf Weiteres permanent. In der Realität ist die Schwere der Strafen oft vom Gutdünken des Sicherheitspersonals abhängig. Nicht das Gefängnis droht hier als Besserungsanstalt, sondern die Verbannung. Bevor sie verbannt werden, werden die Betroffenen isoliert, am Eingang oder in einem kleinen Raum zur Seite genommen und ihr Bändchen wird beschlagnahmt (bis 2019 wurde der Stempel mit einem schwarzen Kreuz durchgestrichen). Danach werden sie einer Erfassung unterzogen: Name und Vorname werden notiert, der Personalausweis oder Reisepass wird falls möglich geknipst, ein Foto wird vor Ort aufgenommen oder aus den sozialen Medien entnommen. Die Verbannten werden dann archiviert. Offen bleibt die Frage, ob dieses Disziplinarsystem der Preis sein muss, der für die Erhaltung dieses Freiheitsraumes zu zahlen ist. Während die Mehrheit der Hausverbote auf den Konsum von GHB oder den Verkauf von Drogen im Club zurückzuführen sind, fühlen sich mehrere Stammgäste der Willkür des Personals ausgesetzt und als Opfer von Machtmissbrauch: unbegründete Denunziation, Personenverwechslung, unverhältnismäßige Strafe, Schnellverfahren, manchmal sogar verbale und physische Gewalt. Jede Diskussion mit dem Sicherheitspersonal ist natürlich ausgeschlossen. Das Berghain ist nicht dazu berufen, die Beschuldigten anzuhören.

Damit soll die Berechtigung der Überwachung nicht in Frage gestellt werden. Es sei daran erinnert, dass sie in engem Zusammenhang mit der Sicherheit des Clubs und seiner Besucher steht. Im Prinzip zielt diese darauf ab, die körperliche und psychische Unversehrtheit der Gäste und der Mitarbeiter des Clubs zu gewährleisten, indem sie Probleme im Zusammenhang mit Drogen, Gewalt und Drogenhandel ortet. Die Feldforschung zeigt jedoch mehrere Auswüchse eines Überwachungs- und Strafsystems, die durch ihre mangelnde Lesbarkeit und ihre Missbräuche dazu führen, die Machtausübung des Clubs als Disziplinarsystem in Frage zu stellen. Zunächst ist darauf hinzuweisen, dass diese nicht allein dem Club zuzuschreiben sind, sondern mit dem rechtlichen Rahmen verbunden sind, der den Begriff Hausrecht und damit das Hausverbot umfasst[63]. Der Eigentümer des Clubs oder der Clubbetreiber kann ein Hausverbot beliebig verhängen, ohne dass dies durch abweichendes Verhalten erklärt werden muss. Dementsprechend kann das Hausverbot ohne Angabe von Gründen beschlossen werden; in der Praxis wird das Hausverbot mündlich erteilt und ist dann auch rechtlich verbindlich. Es gibt keine Vorschrift, die besagen würde, dass das Hausverbot schriftlich bestätigt werden müsse. Wenn das Hausverbot schließlich erteilt und keine Frist angegeben wird, gilt es als unbefristet. So lässt dieses Hausrecht Willkür zu und aufgrund dessen kann der Club z. B. einen Gast wegen seines Aussehens ablehnen[64]. Davon abgesehen scheint es aber notwendig zu sein, den Zeugnissen des Publikums Glauben zu schenken, die über den Machtmissbrauch berichten. Die Missbräuche lassen sich in vier Kategorien aufteilen.

Die erste bezieht sich auf die Frage der Urteilsverkündung. Mehrere Berichte, wie der von E. und N. (Georgien), zeugen von Situationen ungerechtfertigten Hausverbots[65]. Stammgäste erklären, manchmal zu Unrecht beschuldigt oder mit anderen verwechselt worden zu sein. Diese nicht iso-

63 Das Hausverbot ist in der Verfassung verankert. Artikel 13 der Verfassung legt »die Unverletzlichkeit der Wohnung« fest. Dies ist ein Grundrecht, das auch das Hausrecht bzw. das Hausverbot umfasst.

64 Das einzige Gesetz, an das sich der Eigentümer oder Geschäftsführer halten muss, ist das Prinzip der Gleichbehandlung: Besucher dürfen, zumindest theoretisch, nicht aufgrund persönlicher Merkmale wie Ethnizität, Geschlecht oder Religion abgewiesen werden.

65 »Obwohl wir den Stempel von Samstag hatten, wurden wir am Sonntag plötzlich grundlos an der Tür abgewiesen. Es wurde uns plötzlich gesagt, wir hätten ein Hausverbot. Wir waren bisher fast jedes Wochenende dort. Es ist eine zweite Heimat für uns. Ich finde es völlig unfair und empörend, weil der Club damit eine tiefe Verachtung für sein treues Stammpublikum zeigt. Wir sollten mit mehr Respekt behandelt werden.« Dieses Gefühl ist oft an den Status des Insiders gekoppelt und wird durch die Illusion eines meritokratischen Zugangs zum Club verstärkt. Diese Illusion beruht auf dem Glauben unter den Stammgästen, dass man sich den exklusiven Zugang zur Berghain-Gemeinschaft verdient und dass der Insider hartnäckig sein und sich gegebenenfalls mehreren aufeinander folgenden Abweisungen der Türsteher stellen muss, bevor er in die Berghainer Gemeinschaft aufgenommen wird. Das Ausgrenzungsgefühl im Falle eines Hausverbots wird umso stärker empfunden.

lierten Fälle führen zu einem Gefühl des Unverständnisses oder der Ungerechtigkeit unter den Stammkunden. Die Länge ihres Hausverbots soll der Schwere der Tat entsprechend festgesetzt und den Tätern im Prinzip mitgeteilt werden, was jedoch oft nicht der Fall ist und zu Missverständnissen führen kann. Die mangelnde Klarheit bezüglich der Urteilsverkündung – da der Grund und die Frist des Hausverbots oft nicht explizit genannt werden – kann bei einigen Hausverboten zu versehentlichen Rückfallsituationen führen, z. B. durch den Wiedereintritt in den Club im Glauben, die Strafe sei schon vollzogen. Diese nicht selten passierende Situation kann dann von Seiten des Clubs zu einer Verschärfung der Strafe führen, i.e. zu einem unbestimmten Hausverbot. Aus Mangel an klaren Informationen kann dieser Extremfall im Angeklagten das Gefühl hervorrufen, Opfer einer unbegründeten Belästigung zu sein. Es wäre illusorisch, in diesem Apparat des Überwachens und der Strafe irgendeine Form von Justiz aufspüren zu wollen. Da die Urteilsverkündung oft unklar bleibt, wird ihre Vollstreckung daher ebenfalls als willkürlich empfunden:

> »Einmal bekam ich ein Hausverbot, als ein Typ eine G-Flasche in meiner Unterwäsche fand. Wir sprachen nie miteinander, er machte ein Foto von mir und meinem Ausweis. Ich kam drei Wochen später zur Silvester-Party wieder, ich bin reingekommen, und er war der gleiche, der mir den Stempel auf die Hand drückte. Ich und meine Freunde waren einige Minuten lang sprachlos, bis wir zur Toilette kamen. Ich bin mir dessen bewusst, dass der Missbrauch immer möglich ist.« (S., Ukraine)

Das zweite Problem betrifft die Frage des Fotografierens der beschuldigten Gäste ohne deren Zustimmung. Es gibt keine rechtliche Grundlage für das Fotografieren einer Person, die einem Aufenthaltsverbot unterliegt. Die Aufnahme eines Fotos, das zur Identifikation einer Person dienen soll, die für eine Störung der Hausordnung verantwortlich gemacht wird, bedarf in jedem Fall ihrer Zustimmung. Keiner der Befragten, die sich als Opfer eines Hausverbotes betrachteten, erklärte, jemals seine Zustimmung gegeben zu haben. Sie haben dem Sicherheitspersonal gehorcht – aus Unkenntnis ihrer Rechte und aus Angst vor Repressalien und Bedrohungen. Das Fotografieren von Personen, die sich nicht freiwillig fotografieren lassen, ist im Prinzip ein Delikt[66]. Nur in seltenen Fällen, in denen das Foto aus überlegten Gründen des Veranstalters gerechtfertigt wäre – wie z. B. bei einem Drogenhändler oder einem gewalttätigen Kunden (ein belästigender Kunde würde allerdings nicht in diese Kategorie fallen) – könnten einige Landgerichte die Verwendung eines Fotos ohne die Zustimmung der fotografierten Person gestatten. Eine übereifrige Interpretation dieses Rechtes durch das Sicherheitspersonal kann einem potentiellen Machtmissbrauch leicht den Weg ebnen.

Drittens werfen die Berichte von Stammkunden, die mit einem zeitlich befristeten oder unbestimmten Hausverbot konfrontiert waren, auch die Frage nach der Verwendung und Löschung von personenbezogenen Daten auf. Im Falle eines Hausverbots werden tatsächlich Namen registriert, Fotos gemacht, Fotokopien von Personalausweisen oder Reisepässen angefertigt und somit persönliche Daten erfasst und archiviert. Diese Erfassung der Daten stellt die Frage nach deren Verfügbarkeit, da sie von da an dem Personal zugänglich sind. In diesem Zusammenhang wäre es fragwürdig, solche Fotos an andere Mitarbeiter weiterzugeben, um sie zum Beispiel vor dieser Person zu warnen. Es erscheint legitim, die Möglichkeit der Verwendung solcher persönlichen Daten durch Dritte zu hinterfragen. Wenn ein Hausverbot erteilt wird, gibt es für die Verwendung der Daten kein Zustimmungsprotokoll. In einer Welt der Hyperüberwachung, die durch das Internet ermöglicht wird, ist dieser Rückgriff auf die Datenerfassung sicherlich ein akutes Diskussionsthema. Im Falle eines unbefristeten Hausverbots zielt die Strafe hier nicht auf Rehabilitation hin. Der Zweck der Strafe besteht darin, durch eine Eliminierung des vom gesellschaftlichen Körpers abweichenden Individuums ein Zeichen zu setzen, und nicht darin, die Täter oder vermeintlichen Täter später zu rehabilitieren. Was sich hier aus den Untersuchungen ergibt, ist die Unmöglichkeit für einige Fans, die – zu Recht oder zu Unrecht – aus der Berghain-Community ausgegrenzt wurden, ihr Recht auf Vergessenwerden geltend zu machen. Denn je intensiver das Gemeinschaftsgefühl ist, desto größer ist das Stigma der Verbannung.

66 »§201a StGB: Fremde Personen zu fotografieren ist laut Gesetz verboten, wenn deren Einverständnis fehlt (…) Unerlaubt Fotos machen: Als Strafe drohen bis zu zwei Jahre Freiheitsentzug.«

»I still love Berghain and all of the staff and regulars, but, the security team could use some attitude adjustment as they are mostly white German straight men who sometimes mishandle queer and BIPOCs. This situation has been going on for quite some time now and, honestly, I don't know if my Hausverbot status still stands.« (D., Italien)

Viertens werden auch verbale oder sogar physische Gewalttaten von einzelnen Gästen gemeldet, die mit einem Hausverbot konfrontiert waren: Drohungen und Beleidigungen durch Sicherheitspersonal, Gewalt im Fall von C. (Frankreich), der auf frischer Tat ertappt wurde, weil er Betäubungsmittel verkaufte oder demütigende Praxen, wie im Fall von F. (Australien), einer Stammkundin, die wegen Hausverbot zur Tür hinausgeführt und sehr leicht bekleidet vor dem Club zurückgelassen wurde. Da diese Personen sich oft eines Vergehens schuldig gemacht haben (z. B. Konsum oder Verkauf von Drogen innerhalb des Clubs), können sie sich nicht wehren. Da ihnen möglicherweise auch ein Strafverfahren bevorsteht, können sie im Falle eines Machtmissbrauchs keine Anzeige erstatten. Auch wenn solche Missbräuche selten vorkommen, dürfen sie nicht übersehen werden. Die Sicherheitsarbeit im Club ist eine heikle Aufgabe, die dem Personal zukommt, da nicht nur die körperliche Unversehrtheit der Gäste, sondern auch die der Mitarbeiter selbst auf dem Spiel stehen. Die Türsteher und das Überwachungspersonal sind auch machmal mit Gewalt konfrontiert und der Besucherzufluss erfordert schnelle und manchmal brutale Entscheidungen. Angesichts der Anzahl der Personen, die im Laufe ihrer Berghain-Laufbahn[67] mit dem Risiko eines Hausverbots konfrontiert werden können, wäre die Anstellung eines Schlichters, der in fraglichen Fällen eingreifen könnte, eine keineswegs absurde Idee. Dies würde für das Stammpublikum eine demokratische Garantie darstellen, die Ausfälle eines Disziplinarsystems verhindern könnte, die eine missbräuchliche Überwachung und unangemessene Strafen zur Folge haben.

67 Hier ist der Begriff »Karriere« im Sinne von Howard Becker gemeint.

Abb. 2: Hausverbot unter der Haut

Die Auferstehung des Leibes

Die Verbannung aus dem Bereich des Heiligen wirkt als eine Form der Exkommunikation aus der Berghainer-Gemeinschaft. Wenn diese für die einen die Gelegenheit eines Detox bietet, so bildet sie für die anderen ein Stigma. Erwin Goffman definiert das Stigma als eine Markierung, ein Merkmal, wodurch das Individuum als von der Norm abweichend gekennzeichnet wird[68]. Die Wiederaneignung dieser Identität der Devianz innerhalb der Gemeinschaft wird manchmal im Körper materialisiert: einige der »verbannten« Stammgäste lassen sich z. B. das Wort »Hausverbot« oder ein Kreuz als Verbannungszeichen tätowieren, in Erinnerung an die begangenen Missetaten, genauso wie die Tattoo-Motive der russischen Gefangenen, die die Länge ihrer Haftstrafe darstellen sollen. Diese Praxis ähnelt Gebräuchen innerhalb bestimmter, eher maskulin geprägter Bereiche der Populärkultur. Beispielsweise Tätowierungen als Zeichen von Männlichkeit und sozialer Dissidenz, wie z. B. bei Matrosen und ehemaligen Gefangenen. Durch das Tätowieren des Wortes »Hausverbot« auf seinem Schädel eignet sich A. (Frankreich) seinen Körper wieder an (Abb. 2). Er erschuf sich aus dem erlittenen Hausverbot ein Identitätsmerkmal. Indem er seine Verbannung, seine Abweichung innerhalb der Gruppe durch die Tätowierung markiert, unterstreicht er gleichzeitig seine unauslöschliche Zugehörigkeit zu der Gemeinschaft, aus der er ausgeschlossen wurde. Paradoxerweise sind es genau die gleichen Tätowierungen, die er verstecken muss, um unter einer neuen Identität getarnt das Berghain weiter zu besuchen und der Wachsamkeit der Türsteher zu entgehen. Jeden Sonntag schwillt das Bataillon der Verbannten an. Diejenigen wie A., die auf Lebenszeit verbannt sind, kehren mit ihrem Alter-Ego ins Berghain zurück, schneiden oder färben ihre Haare, tarnen ihre Tätowierungen, verstecken ihr Piercing und kehren unerkannt ins Berghain zurück. Die Verbannung kann der Auftakt zu einer Auferstehung des Leibes sein. Sie wird transzendiert durch die Exploration und Performanz einer neuen Identität. Plastische Körper, wie das Alter-Ego von A., praktizieren die Kunst der Metamorphose. Denn Dionysos ist nicht nur der Gott der Exzesse. Er ist der Gott mit den vielen Gesichtern, der die Umrisse der Identität verwischt und die Idee einer starren, unabänderlichen Identität ins Wanken bringt, zugunsten einer nomadischen, mutierten, mobilen Identität.

68 Erwin Goffman, Stigma. Notes on the management of spoiled identity (1963).

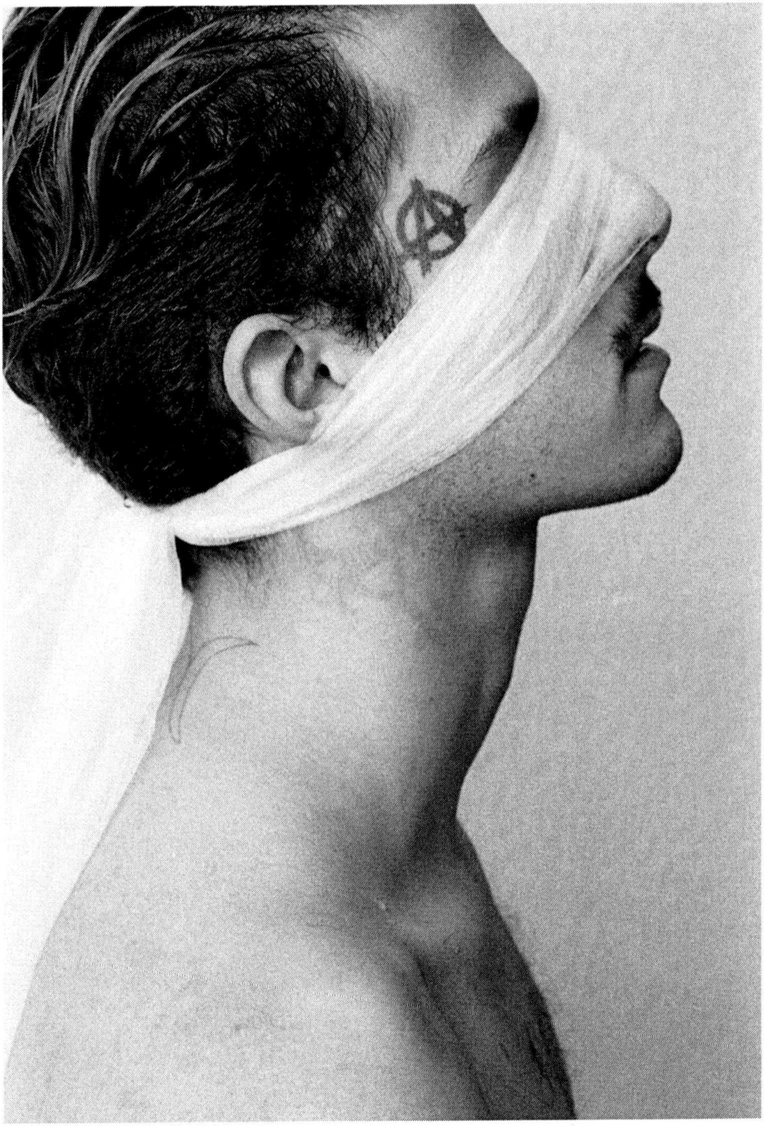

II Utopische Körper

Rituale des Verschwindens

Im Frühjahr 2017 wurde im Rahmen der Renovierungsarbeiten zur Öffnung des neuen Dancefloors namens *Die Säule* das monumentale Wandbild *Rituale des Verschwindens* von Piotr Nathan demontiert und Stück für Stück versteigert. Das Berghain führt somit die von der Berliner Mauer bekannte Tradition weiter, die eigene Geschichte zu demontieren und zu versilbern. Das oben genannte Wandbild wurde am Eingang des Clubs durch *Vertigo* ersetzt, eine neorealistische Installation des deutschen Künstlers Norbert Bisky, das aus mehreren, verstreuten Bildern besteht. Diese Themen des rituellen Verschwindens des Selbst, seiner Auflösung bis zur Vertigo, zu diesem Schwindelgefühl mit »Ohrensausen, Gangunsicherheit und Schweißausbrüchen«[69] laden uns ein, die heterotopische Erfahrung des Berghains vor allem als körperliche Erfahrung, als Erforschung des Selbst zu hinterfragen. Heterotopien erzeugen Utopien des Körpers. Um das Berghain aus heterotopischer Perspektive zu verstehen, müssen wir aber zwei Aspekte beachten: seine Ausschluss- und Überwachungsmechanismen immer mitzudenken und den Körper mit dem Raum, in dem er sich bewegt, in Beziehung zu setzen.

Der Begriff »utopische Körper«, den Foucault 1966 in einem zweiten Radio-Essay eingeführt hat, erlaubt es uns, diese körperliche Erfahrung besser zu erfassen. Foucaults Essay stellt sich als phänomenologische Reflexion über den Körper als Ausgangspunkt einer Beziehung zum gelebten

69 Die Definition der Vertigo im Duden scheint hier ganz gut auf das Erlebnis des Berghains zuzutreffen.

Raum dar. Im Berghain wird die Utopie aus dem Körper geboren und stellt sich gegen seine schwere Sachlichkeit. Der Körper wird zum Epizentrum der Utopien, zu einem Ort der Schaffung eines utopischen Begehrens[70]. Mit anderen Worten: Das Berghain bietet einen Ausweg aus dem Körper. »Ich kann mich nicht ohne ihn fortbewegen«, sagt Foucault, der den Körper als »gnadenlose Topie« – von altgriechisch tópos »Ort« – bezeichnet. Der Körper ist der Ort, von dem man nicht weggehen kann und dessen unerträgliches Bild im Spiegel einen morgens an diese Tatsache erinnert. Der Körper, schreibt Foucault weiter, ist in seiner Unmittelbarkeit das Gegenteil einer Utopie. Das Berghain ist eine Maschine, die Utopien erzeugt, um diese skandalöse Realität des Körpers aufzuheben[71]. Die langsame Auflösung des Selbst hilft, dem Selbst zu entkommen. Dieser Prozess beginnt für die meisten Besucher des Berghains bei der Wahl der Outfits, bei denen Schwarz dominiert. Während sich alte Stammgäste noch erinnern, dass die Outfits in den frühen Jahren des Berghains bunt waren, hat sich Schwarz als Nicht-Farbe im Laufe der Zeit durchgesetzt. Schwarz ist keine Farbe im engeren Sinne, sondern eine Abwesenheit von Licht. Durch den Verzicht, in der Kleidung die Farbe zu bekennen, verzichten die Körper nicht nur auf ihre chromatische Individualität, sondern bereiten sich auch symbolisch auf die Dunkelheit des Ortes vor.

Dieser Prozess der Selbstauflösung impliziert auch die Vermeidung von besonders auffälligen Statussymbolen (Uhren, Sonnenbrillen usw.) oder Kleidungsstücken mit auffälligen Markenlogos, die nicht mit dem Berghain-Stil assoziiert sind, die also nicht von diesem »subkulturellen Kapital« zeugen. Vor dem Eintritt neigen die Körper dazu, mit der Masse zu verschmelzen. Dieser Prozess beginnt in der Schlange und setzt sich im Eingang fort. T. Rapp schreibt dazu[72]: »Der Initiationsritus setzt sich mit dem sorgfältigen Drogencheck fort, den man im Kassenraum durchläuft: die rituelle Reinigung. Danach entrichtet man seinen Obolus, auch ein

70 Foucault, Michel, Die Heterotopien. Der utopische Körper: Zwei Radiovorträge (Französisch), Suhrkamp, 2005.

71 Ibid.

72 Rapp, Tobias, Lost and Sound: Berlin, Techno and the Easyjetset, Suhrkamp, 2009.

religiöser Akt.« Es ist verlockend, das ganze Einlassritual auf seine Parallelen zu religiösen Handlungen zu reduzieren, den Drogencheck als »rituelle Reinigung« oder auch das Einlassgeld als Obolus zu sehen. Doch soll der Fokus auf dem Prozess der Ich-Auslöschung liegen und das Berghain nicht aus religiöser Sicht überinterpretiert werden. Der Einlass ins Berghain beruht auf einer Abfolge von Etappen, die darauf abzielen, das Ego zu entwurzeln und die Körper zu *entegotisieren*, um die Osmose, i.e. »das Eintauchen in die Anderen« – zu ermöglichen (Andrieu, 2017): Einsperren des Publikums hinter Absperrgittern, die an Rinderställe erinnern; schonungslose Leibesvisitation; energisches Stempeln der Unterarme ähnlich der Markierung von Nutztieren (im Herbst 2019 durch ein Bändchen ersetzt, das an die Vogelberingung erinnert); kollektive Entkleidung, ähnlich der, wenn man zur Armee einberufen wird (kein Zufall, dass das Berliner Modelabel NAKT seine Models für Techno Outfits als »Army« bezeichnet); Übergabe einer Schnur mit einem nummerierten Medaillon durch das Umkleidepersonal. Diese schrittweise erfolgende Auflösung des Egos ist die Voraussetzung dafür, die individuellen Körper in den kollektiven Körper zu bringen und sie auf die gemeinsame Erfahrung von Tanz und Musik vorzubereiten. »Es geht um eine Entlokalisierung des Selbst und um das momentane Verschwinden des Subjekts« in den Körper des Festes, in die Masse (Fonseca Zas, 2008[73]). Dieses *Ritual des Verschwindens* wird durch die Abwesenheit von Spiegeln im Clubraum noch weiter forciert. Foucault schreibt dazu: »Der Spiegel funktioniert als Heterotopie, weil er den Ort, an dem ich bin, während ich mich im Spiegel betrachte, absolut real in Verbindung mit dem gesamten umgebenden Raum und zugleich absolut irreal wiedergibt, weil dieser Ort nur über den virtuellen Punkt jenseits des Spiegels wahrgenommen werden kann.«[74] Der Körper, jenes »Gespenst, das nur in der Illusion des Spiegels erscheint« (ebd.), entgeht im Berghain seinem eigenem Spiegelbild, wird also vom Selbst nicht wahrgenommen.

---

73 Maria Vanina Fonseca Zas, L'exploit des corps en «ecstase», in *Champ psychosomatique* 2008/3 (n° 51), S. 165 à 175

74 Foucault, Michel (1967): Von anderen Räumen. In: Dünne, Jörg/Günzel, Stephan (Hg.) (2006): Raumtheorie. Grundlagentexte aus Philosophie und Kulturwissenschaften. Suhrkamp: Frankfurt/Main, S. 21.

Ohne Spiegel, ohne diesen ›Ort ohne Ort‹, wird der Körper seiner eigenen leiblichen Präsenz überlassen und gezwungen, lebendig zu sein. Auch wenn einige Stammgäste, wie D., Drag Queen aus der Schweiz, gestehen, einen Taschenspiegel für ihr Make-Up mitzuführen, aber nur um eine neue Identität zu performen, schätzen alle die Abwesenheit von Spiegeln und die Dezentrierung des Egos als entscheidendes Element für eine gelungene Party. »Ich würde es hassen, zehn Mädels vor dem Spiegel zu sehen, die ihr Make-up machen«, erklärt H. aus Korea. »Ich finde es gut, weil man die Beziehung zu Raum und Zeit verliert. Tagsüber, wenn draußen und drinnen alles hell ist, ist alles dunkel drin, es gibt keinen Spiegel. Die Zeit flieht. Wir müssen uns nicht sehen.« (A., Deutschland) Indem der Club die Spiegel entfernt und damit den Berghainern die Möglichkeit nimmt, ihre äußere Erscheinung zu kontrollieren, erleichtert das Berghain die Interaktionen. Anstatt ihre Wiederspiegelung, in diesem Anderswo des Spiegels zu betrachten[75], wie Foucault sagt, interagieren die Körper im Hier und Jetzt miteinander. Im Zeitalter des Selfismus verschmelzen die einzelnen Körper in einem kollektiven Körper. Das Selbstbild verrät die Zeit, die man im Club verbringt – und den Zustand der Müdigkeit. Die Entfernung der Bilder bietet eine vorübergehende Abschaltung – ganz im Sinne des Berghain-Stempels *Switch off* – die es erlaubt, durch das Fest eine Verbindung mit dem Ganzen wiederherzustellen. Der Spiegel und das Kameraauge bringen die Körper in die Schwere zurück und verhindern, dass sie – gemäß dem Foucaultschen Ausdruck – in die Utopie eines »körperlosen Körpers« fallen: die Auswirkungen von Müdigkeit, Drogen und Alkohol können sich im Berghain nirgendwo widerspiegeln. »Ich bin sehr froh, dass es keine gibt. Nach 30 Stunden Party ist es besser, nicht in den Spiegel zu schauen.« (A., Deutschland). Das illusorische Verschwinden des Selbst bildet die Voraussetzung für den utopischen Körper. Erst unter dieser Bedingung können die sich selbst überlassenen, entegotisierten TänzerInnen eine immersive Erfahrung ihres lebendigen Körpers machen[76].

---

75 Foucault, Michel (2019), Le Corps utopique, Les Hétérotopies (1966), Lignes.

76 Siehe Andrieu, B. (2016), Sentir son corps vivant – Emersiologie, Band 1, Vrin, Moments Philosophiques.

Den eigenen Körper lebendig spüren

Die Immersion beginnt mit einer ersten Eingliederung in die Gemeinschaft durch den Stempel. Die Tinte wird auf die Haut der Unterarme der TeilnehmerInnen geprägt. Die Körper eignen sie sich individuell an und schwitzen sie aus, bis sie allmählich verschwimmt. Der Grad der Zersetzung des Stempels beim Closing ist der Hinweis auf den eigenen Einsatz des Körpers in der Raumzeit des Berghains. In diesem langen Prozess der Auflösung steckt eine symbolische Dimension. Denn der Stempel bildet nicht nur ein kollektives Erkennungszeichen, sondern auch eine Möglichkeit, sich seinen Körper individuell anzueignen. In der Tinte, die hinterlassen wird, erzählen die einzelnen Stempel eine persönliche Geschichte, eine Geschichte der Körper in ihrer Eigenartigkeit, ihrer Ausdauer, ihrer Auflösung. Das Verblassen ist der materielle Beweis für die unaussprechliche Erfahrung der körperlichen Immersion in die *Klubnacht*. Die Berghain-Leitung tauschte im Herbst 2019 den Stempel gegen ein unpersönliches Plastik-Bändchen und vernachlässigte dabei die symbolische Aufladung dieses historischen Stempels und die Verbundenheit des Stammpublikums mit selbigem. Denn während sich der Körper in der Ekstase des Stempels bemächtigte, ihn durch Schweiß und Bewegung zerrieb, ist das Bändchen ein starrer, unveränderlicher vom Berghain aufgedrängter Fremdkörper. Mit der Tinte stellt der Körper seine eigene Immersion zur Schau und spielt gleichzeitig das Ritual seines Verschwindens immer wieder durch.

Der Emotionsausbruch auf der Tanzfläche ist außerdem an die vom Club geschickt inszenierte extreme Spannung gekoppelt, welche die TeilnehmerInnen vor dem Einlass erleben. Dank dieser Konfiguration schafft das Berghain eine Konditionierung von Emotionen. Die Stresssituation, die vor dem Club erzeugt wird, unmittelbar vor der Tür ihren Höhepunkt erreicht und erst mit dem Erhalt des kostbaren Bändchens endet, verstärkt die körperliche Befreiung, die sich danach durch den Tanz manifestiert: »Ich kann wieder atmen.« (N., Deutschland); »I feel finally I am on board of this aircraft. All the extra fuss is behind and now we can start the flight!« (S., Ukraine) Erhöhte Adrenalinausschüttungen vervielfachen die darauffolgenden Empfindungen und schaffen dadurch das Bedürfnis, den Körper zu entspannen. In dieser Hinsicht fungiert das Berghain als Affektauslöser und Erlebnisverstärker:

> »It was so beautiful that I was quickly overwhelmed by my emotions, you feel so good because of this experience of dance, the environment, the music, the place, the audience. Everything contributes to make this place a unique experience. I am always very intimidated by this space. I always have this impostor syndrome when I'm here.« (C., USA)

Die Gäste, die sich vor der Tür in einem ständigen Zustand der Unsicherheit befinden, verwenden oft die Adjektive »nervös«, »ängstlich«, »aufgeregt«, »gestresst«, um ihre Gefühle vor dem Einlass zu beschreiben. Türsteher sorgen nämlich dafür, dass kein Stammgast seinen Status als sicher und definitiv ansieht.

> »I know some DJs very well, I've been going there since the very beginning but I still feel nervous after countless visits. Even regulars get rejected once in a while«. (B., Australia)
> »The first time I went on my own, I realized my heart started beating and my hand might be shaking a little bit. I hoped they wouldn't notice (they didn't and let me in). I feel a bit more relaxed about it now, but I never take it for granted that I'll be let in.« (J., Irland)

Um immerhin völlig immersiert zu sein, setzt die Berghain-Erfahrung eine Wiederverbindung des Selbst mit dem Körper voraus. Ein einfacher Besucher wird zum Beispiel oft daran erkannt, dass er sein Mobiltelefon auf der Tanzfläche benutzt. Durch dieses Verhalten wird er von der unmittelbaren Erfahrung der Party entfernt. Aus diesem Grund passiert es oft, dass Stammgäste, insbesondere auf der Tanzfläche, solche soziofugale Verhaltensweisen, die mit der Sakralität der Party brechen, klar missbilligen.

> »Ich bin hier, um zu tanzen, um anwesend zu sein. Ich bin nicht hier, um zu reden. Es ärgert mich, wenn Leute Nachrichten auf ihre Mobiltelefone schreiben oder wenn Leute mit mir sprechen.«(A., Deutschland)

> »Auf dem Arma-Festival im Funkhaus, als Nina Kraviz auftrat, schwenkten alle ihre Handys in die Luft, um Videos zu drehen, es war unerträglich. Viele waren irgendwo anders, aber nicht präsent, wie im Berghain.« (M., Frankreich)

Die Immersion bedeutet, dass man voll und ganz präsent ist. Das Telefon auf der Tanzfläche zu benutzen, gilt als Verrat an der lebendigen Erfahrung. Daher lassen viele Stammgäste ihre Telefone lieber in der Garderobe oder sogar zu Hause. Der Gebrauch des »No-Photos« auf der Tanzfläche ist nicht spezifisch für das Berghain, sondern ist, wie oben erwähnt, in den meisten Berliner Clubs zu einer weit verbreiteten Tradition geworden[77]. Denn er garantiert den Ravern eben diesen Freiraum, der es ihnen erlaubt, frei zu tanzen, ohne den Blicken der sozialen Netzwerke oder der Überwachungskameras ausgesetzt zu sein. Insofern ist zu Zeiten der Hypervisibilität und des digitalen Panoptikums die Berliner Clubszene einer der wenigen Orte, an denen man sein Recht auf Unsichtbarkeit geltend machen kann. Erst befreit von den Elementen, die die Immersion in die Party stören, können sich die Körper dem Tanz völlig hingeben und die Utopie eines Körpers hautnah erleben, von der Schwere seines eigenen Bildes losgelöst.

Die Kunst der Metamorphose

> »Ich stand in der Schlange. Ich sah, wie ein Paar rechts an den Absperrgittern vorbeiging und direkt auf die Türsteher zukam. Der junge Mann hielt seine Freundin an der Leine. Sie kroch auf allen Vieren und schwang die Hüften wie ein Panther. Die Arme, die muss sich Hände und Knie zerrissen haben! Einen Monat später traf ich das Paar zufällig wieder in der Schlange. Ich habe ihnen gesagt,

---

77 Glad, Vincent, «Le Berghain à Berlin et l'éthique du no photos», in *Libération*, 06.09.2017.

> dass ich sie wiedererkannte. Sie haben gelächelt. Es war ein deutsch-französisches Paar. Sie sagten mir, es sei das erste Mal, dass sie im Berghain waren, also haben sie einfach geblufft. Der Junge hat dem Türsteher erzählt, dass er schon wusste, Haustiere seien im Berghain nicht erlaubt, seine Freundin sei aber eine große, gut erzogene Katze, die nicht auf den Boden pinkelt und immer einen Fressnapf zur Verfügung hat. Das brachte den Türsteher zum Lachen. Er ließ sie herein und sagte: Viel Spaß!« (M., Frankreich)

Wenn schwarz auch die dominierende Farbe in der Schlange ist, so entledigen sich viele Gäste dieser Uniformität nach Überschreiten der Türschwelle, als wäre die Adoption der Berghain-Farbkodierung eine Fassade und Schwarz eine immer wieder gespielte Komödie, ein Durchgangsritual, das als Auftakt zur Metamorphose des Körpers dient:

> »I think there is a typical style you can see in Berghain, which is now normal for going out. I have to admit that it influenced me in the beginning and got more into this style myself for Berghain now.« (E., Niederlande)
>
> »I totally change because I've been going there since I was 18 and I didn't know what to wear I was always wearing black fishnets those basic Berghain stuffs that I could see everywhere and then as the time goes by, when I was getting older, I didn't feel comfortable with the clothes to be honest. So I changed to shirts jeans and long sleeves sort of just long pants and stuff like that. I'm wearing white because everybody's wearing black and I am bored of wearing black clothes and I like wearing long sleeves and long pants even though I'm warm.« (F., Südkorea)

In diesen beiden Zeugnissen lässt sich ein dreistufiger Eingliederungsprozess bemerken: erstens die Beobachtung der Codes, zweitens die Adoption dieser Codes, drittens die Emanzipation durch das Zurschautragen eines eigenen Stils oder von Schmuckelementen als Distinktionsmerkmal innerhalb der Berghain-Community[78]. Die zweite Phase, die sich z. B. durch das Tragen eines Chokers, eines Lederharnesses, eines Bodys oder anderer in der Gemeinschaft üblicher Kleidungsstücke bzw. Fetisch-Accessoires kennzeichnet, scheint den Übergang zum Insider-Status zu markieren, wie in den Berichten von S. (Deutschland): »All black. Belly-free, tops/bras, fishnet or transparent tops, with choker and/or chains, Dr. Martens or Plateau shoes and high waist shorts, bikini bottoms or short skirt« oder von C. (Frankreich): »In der Schlange, wenn es kalt ist: schwarze Mütze, langer, weiter, schwarzer Mantel, schwarze Plateau-Schuhe mit zerrissener Strumpfhose, kreuzförmiger schwarzer Tesafilm an der Brust, eine Halskette, schwarzes Höschen oder Minishorts«. B. (Deutschland) gesteht zu ihrem Outfit: »Yes, it has changed. I started off wearing a lot of black but got bored of it. I had a fetish wear phase. I've been wearing more bright colors and white over the past year or two. I like to wear unexpected styles like a flowery dress, for example.« Die Emanzipation von dem Dress-Code ist weniger ein Ausdruck der Distanz zur Berghain-Gemeinschaft als vielmehr ein Zeichen fortgeschrittener Integration, durch die man paradoxerweise seine Zugehörigkeit in der Abgrenzung manifestiert: »To get in, I wore black like 0 times this year. I am the proof that this black theory is just wrong.« (T., Ukraine) »The black dress code is not true. I never wear all black, that's for tourists.« (F., Deutschland) Das Berghain bietet seinen Stammkunden zudem eine Inszenierungsmöglichkeit, die mit den Kleidungsstandards des Alltags bricht. B., Sozialarbeiterin aus Russland, mag im Kimono tanzen, J. aus Kirgisistan und B., Bauingenieurin aus Polen in einem einteiligen Badeanzug, A. aus Libanon, in einem Catwoman Outfit. Der Club spielt eine denormalisierende Rolle dadurch, dass er den Berghainern erlaubt, mit dem normalisierten Rahmen der alltäglichen Bekleidung zu brechen: »Yes, I am an accountant and I can not imagine me wearing Berghain clothes on a regular basis. Berghain clothes have their separate section in my cupboard.« (N., Südafrika) Vom Selbst entkleidet, beginnen die Körper ihre Metamorphose an der Garderobe.

78 Siehe dazu Simmel, Georg, Psychologie des Schmuckes, in: Der Morgen. Wochenschrift für deutsche Kultur, begründet und hrsg. von Werner Sombart zusammen mit Richard Strauß, Georg Brandes und Richard Muther unter Mitwirkung von Hugo von Hofmannsthal, 2. Jg., No. 15 vom 10. April 1908, S. 454–459 Berlin.

Menschen, die den inoffiziellen Dress-Code überspielen – indem sie z. B. schon in der Schlange auffällige Fetisch-Accessoires zeigen – können aber auch durch ihr Aussehen einen zu großen Metamorphose-Eifer verraten und sich einem erhöhten Risiko der Ablehnung durch Türsteher aussetzen. Denn die Metamorphose der Körper findet erst innerhalb des Clubs und im Laufe der Zeit statt. Die Mehrheit der Stammgäste bezeugt, dass sie einen Lernprozess durchlaufen haben, indem sie den offiziösen Dress-Code zuerst beobachten und dann reproduzieren. Sie entwickeln oft ihren eigenen Stil erst danach:

> »Zuerst ging ich in einem relativ neutralen Outfit, einer schwarzen Hose und einem schwarzen T-Shirt, aber ich merkte bald, dass es nicht praktisch war, zu tanzen. Ich habe den Stil im Laufe der Zeit gewechselt. Ich habe Selbstvertrauen gewonnen. Jetzt trage ich auffällige Sachen wie Thaiboxhosen oder einen Kilt.« (M., Frankreich)

Die theatralische Inszenierung von Körpern ist Teil der Show, die von den Stammgästen des Berghains aufgeführt wird und deshalb als keimhafte Queer-Praxis zu verstehen, denn das Theater ist die queere Kunst schlechthin: »Es gehört zum Spiel, das Outfit zu ändern. Wir probieren einfach.« (G., Deutschland). »Ich trage nie das gleiche Kostüm. Ich spiele gerne Theater.« (A., Polen). Man beobachtet in der Verwendung von Paradeinstrumenten (wie Tanz) und Schmuckinstrumenten (wie Kleidung und Accessoires) Selbstdarstellungstechniken, durch welche der Körper zum Vermittler der eigenen Erzählung wird. Die von Georg Simmel beschriebenen Schmuckinstrumente sind das Mittel, mit dem der einzelne seine Zugehörigkeit zur Gemeinschaft kommuniziert, denn durch die Verzierung des Körpers »schmückt man sich für sich und kann das nur, indem man sich für andere schmückt« (Simmel, 1909[79]). Außerdem geht es bei dem Schmuck um viel mehr als das Spiel mit dem Schein. Die Abweichung

79 SIMMEL Georg, Psychologie des Schmuckes, in Der Morgen. Wochenschrift für deutsche Kultur, begründet und hrsg. von Werner Sombart zusammen mit Richard Strauß, Georg Brandes und Richard Muther unter Mitwirkung von Hugo von Hofmannsthal, 2. Jg., No. 15 vom 10. April 1908, S. 454–459, Berlin.

von dem vermeintlichen schwarzen Dress-Code enthält das Versprechen einer stärkeren Anerkennung innerhalb der Gruppe. Die schönsten und extravagantesten Outfits im Berghain erhalten häufig viel Lob und verstärken das Selbstbewusstsein, wie bei A. (Frankreich): »I never get as many sweet compliments as at Berghain. Mostly genuine. It‘s like a weekly injection of dopamine!« Die Stammgäste des Berghains wagen entsprechend ihrem Eingliederungsgrad mehr und mehr das Spielen mit den herrschenden Codes und nähern sich der Exzentrik der Club-Kids: Kawaii-Minirock aus PVC bei P. (Frankreich), Nonnenschleier bei D. (Spanien), fürstliche Accessoires mit Pappkrone aus Papier und Halskrause aus Spitze bei E. (Frankreich), Militäruniform mit Käppi bei B. (Marokko), Latzhose oder Arbeitsanzug eines Postbeamten bei T. (Ukraine), Latex-Jumpsuit bei Z. (Deutschland). Es geht hier darum, in der Perspektive einer performativen Konzeption der Identität (Butler 2005), den vom Club erlaubten Freiheitsraum zu nutzen, um durch den Stil eine neue Identität zu produzieren. Der Schmuck unterstreicht den Prozess der karnevalesken Umkehrung und erhält eine subversive Dimension durch seine Konterkarierung der allgemein akzeptierten ästhetischen Standards. Er ist eine Möglichkeit, in der Gemeinschaft anerkannt zu werden, indem man die vorherrschenden Kleidungsvorschriften im Club ins Wanken bringt, aus ihrem üblichen Kontext herauslöst und entheiligt. Damit wird die Künstlichkeit der Normen durch die Inkongruenz aufdeckt.

> »I used to dress up to fit into my understanding of what a Berghain person looks like aka all black everything. Now I have 2 outfit styles – one that is comfortable sports clothes and makes me unnoticeable, and second that is standing out and is ridiculous to expose the audience to the idea that they shouldn't restrict themselves by certain pseudo rules. So depending on my mood, I go in either one.« (T., Ukraine)

Der Schmuck, der eine Form dieser Utopie des Körpers bildet, erfordert notwendigerweise das Spiegelbild des anderen, ebenso wie Tätowierungen, Make-up (z. B. bei Drag Queens) oder die Verwendung von Masken, die im Kontext der Tanzfläche eher inkongruent aussehen: Puppies (lederne

Fetisch-Hundemasken), Zwangsmasken, Strumpfmasken, orientalische Tänzermasken… Die Verwendung von Masken im Techno-Umfeld ist aber keine ausschließliche Praxis des Berghain-Publikums. Die Anhänger der Techno-Subkulturen verstecken sich gerne hinter Masken. So traten Daft Punk, inspiriert von Kraftwerks Robotern, mit Masken auf, um in der Öffentlichkeit nicht erkannt zu werden. Claptone trägt eine venezianische Maske. I Hate Models, ein junger begabter DJ der Techno-Szene, versteckt beim Auflegen sein Gesicht mit einem Schal. Auch die Häufigkeit von DJ-Pseudonymen ist Teil dieses vom Kollektiv Underground Résistance initiierten Anonymisierungsprozesses. Die Spuren der wirklichen Identität des DJs – der/die in der Techno-Szene häufig auch als Musikschaffender/e, Remixer und Producer/in fungiert – werden verwischt, die Musik tritt in den Vordergrund. Dies bedeutet, dass die kollektive Aneignung von Musik-Produktionen durch die zwanglose Sampling-Technik das Urheberrecht in Frage stellt, sogar aufhebt (Kosmicki, 2010)[80]. In der Tradition vom Techno-Label aus Detroit Underground Resistance[81] verstecken sich oft die DJs hinter mehreren Pseudonymen (z. B. Milton Bradley aka Alien Rain, Héctor Oaks aka Cadency oder DJ Pete aka Substance). Die UrheberInnen lassen sich nicht ohne weiteres, manchmal nie, feststellen. Techno braucht keine Authentifizierung und lässt sich in dieser Hinsicht als »Gegenentwurf zur Rockmusik« verstehen, wo der Starkult im Gegenteil eine zentrale Rolle spielt[82]. Teil der Anonymisierung ist die Dezentrierung des Mischpults auf der rechten Seite der Tanzfläche im Berghain, wodurch der Künstler, ganz leicht erhöht durch eine Bühne, außer in den vorderen Reihen kaum zu sehen ist. Man sieht durch die Ohren. Es gehe hier um

80 Kosmicki, Guillaume, Musique techno, mix, sample, Un défi à la notion de propriété, Techno music, mixes, and sampling. A challenge to notions of property, in Gradhiva, Revue d'anthropologie et d'histoire des arts, 12.2010, https://doi.org/10.4000/gradhiva.1866

81 Underground Resistance, der 1989 von Robert Hood, Jeff Mills, Mike Banks und Darwin Hall gegründet wurde, hat immer die elektronische Musik in den Vordergrund und das Ego des DJs in den Hintergrund gestellt und deshalb eine Anonymität anhand von DJ-Pseudonymen beansprucht und eine mediale Präsenz von Anfang an verweigert.

82 Siehe dazu Interview von Claptone, 01.2016, http://www.planet-interview.de

einen Illusionismus, »der nicht primär über die Parameter des Sehens gesteuert wird, sondern den Großteil seiner Macht aus dem Hören bezieht. Anders ausgedrückt: der bestimmte Gefüge des Auges deterritorialisiert, um sie im Ohr zu reterritorialisieren« (Henschel, 2015).

Auch bei den Tänzerinnen und Tänzern des Berghains tragen all diese Formen von Körper-Utopien über den Umweg der Metamorphose zum Selbstgefühl bei. Die Inszenierung der Körper wird zu einem Spektakel, zu einer ästhetischen Performance, die sowohl individuell als auch in der Gruppe erlebt wird. Die TänzerInnen präsentieren ihre Körper zum einen selbst hochästhetisiert, zum anderen dienen sämtliche Merkmale des physischen und sozialen Raumes, in welchem die Inszenierung stattfindet, dazu, die Körper in ein günstiges Licht zu rücken. Im Spiel von Licht und Schatten gibt diese Inszenierung, wie auf der Bühne eines Theaters, den Körpern die Möglichkeit, eine Rolle zu spielen, sich hinter dem Fächer oder dem Schleier zu »utopisieren«:

> »Das Berghain war so überfüllt, dass ich C. aus den Augen verloren habe. Wir haben stundenlang gesucht. Es war ein Albtraum. Es ist schon super schwierig, sich dort zu treffen, weil es ziemlich dunkel ist. Wir haben uns schließlich wiedergefunden, und C. hat mir versprochen, ein Erkennungseichen zu finden, falls wir uns jemals wieder verirren sollten. Das nächste Mal brachte sie den Nonnenschleier mit, den sie aus ihrer Zeit bei den Schwestern in Spanien trug. Wir haben sie die »Techno-Nonne« genannt und haben aus Spaß begonnen, Flugblätter mit der Aufschrift »Have you seen the techno nun?« überall in den Bars und Clubs in Berlin anzukleben. Seitdem ist es wie ein zweites Selbst.« (T., Ukraine)

Den eigenen Körper dem Tanz hingeben

> »Dieser Club hat irgendwie meine körperliche Art, Techno und House zu erleben, sie zu tanzen, radikalisiert. Es wurde klar, dass es für mich eine Form der Selbsthypnose war, mein Geist ist wie abgeschaltet.« (R., Frankreich)

Der Tanz wurde bisher, außer bei der Tanzforscherin G. Klein (1999) im Rahmen einer theoretischen Reflexion über das Phänomen Techno kaum angesprochen. Im Berghain sind Tanz und Musik die Hauptmotivation der Stammgäste[83]. Den Druck ablassen, seine Freunde treffen, neue Kontakte knüpfen, Drogen nehmen oder neue (sexuelle) Partner treffen sind zwar Beweggründe, die in den Interviews genannt werden, aber nur als zweitrangige Motive. Der Tanz erreicht eine ungewöhnliche Intensität und bringt den Körper an seine Grenzen. Die aufgebrachte Energie erreicht im Berghain ein Niveau wie in keinem anderen Club. Man muss nur oben auf der Treppe im Berghain stehen und auf die kompakte, wimmelnde Menge von jubelnden Tänzern schauen, um sich von dieser Kraft der tanzenden Masse überzeugen zu lassen. Durch den Tanz drückt sich eine »Mythologie des Körpers und seiner Kraft« aus (Foessel, 2011). Im Durchschnitt schätzen die Stammgäste die Zeit beim Tanzen auf 16 Stunden (ebd.) und auf einer Skala von 1 bis 100 bewerten sie die körperliche Intensität beim Tanzen mit 75.

> »Ich habe mir die Schrittzähler-App auf meinem Mobiltelefon angeschaut, um zu sehen, wie viele Kilometer ich zurückgelegt hatte. Ich habe das Äquivalent von zwei Marathons getanzt« (B., USA). »Wenn

83 Ethnographische Studie, die für dieses Buch zwischen Januar 2018 und Juni 2019 auf der Basis von 40 Stammgästen durchgeführt wurde. Auf die Frage »What's your main reason for going to Berghain? Rank the following reasons in order of importance«, nannten die befragten Stammkunden als ersten Beweggrund: 1: Tanz (32%), 2: Musik (27%), 3: den Druck ablassen (18%), 4: Sozialisierung (13%) ,5. Sex (9%) 6./7. Der Freundeskreis und die Drogen werden nicht als Hauptgrund zitiert.

> ich am Berghain bin, laufe ich 45 Kilometer pro Abend, mein Rekord liegt bei 70. Ich muss nicht jeden Tag ins Fitnessstudio gehen. Wenn man sich die Menschen ansieht, die ins Berghain gehen, sieht man, dass sie alle dünn und super fit sind.« (A., Polen)

An diesen außergewöhnlichen Körperaufwand ist oft ein besonderer Tanzstil gekoppelt, an dem man die Berghainer erkennen kann. »When I dance in another club, some people think because of my way of dancing I also go to Berghain, I probably picked it up there and feel the best dancing in this way.« (F., Niederlande) Wie B. (aus Bayern) bemerkt, scheint der sog. ›Berghain-Stil‹ den Weg in die Underground-Techno-Clubs Deutschlands gefunden zu haben und ist nicht selten auch im PAL in Hamburg, im IFZ in Leipzig oder im BLITZ in München zu beobachten. Obwohl Techno im Gegensatz zu kodifizierten Tänzen nicht auf einer Abfolge von auszuführenden Tanzfiguren basiert, ist der im Berghain praktizierte Tanzstil dennoch das Produkt einer Körpertechnik, die durch Nachahmung erlernt wird und somit ein Faktor zur Integration in die Gemeinschaft. »The boring Berghain style… Every newcomer tends to learn this wiggling from left to right like penguin.« (T., Ukraine) Obwohl die Stammgäste Schwierigkeiten haben, den »Berghain-Stil« zu beschreiben, nennen sie ihn oft martialisch, aggressiv, roboterhaft oder auch »stompy«. Der Körper ist im Boden verankert, der Squat-Position ähnlich (Knie und Hüften leicht gebeugt, Gesäß nach hinten). Das Gewicht des Körpers ruht auf den Füßen, während sich Schultern und Oberkörper von links nach rechts bewegen. Während der Tanzstil, der in der Panorama-Bar praktiziert wird, laut S. (Ukraine) eher vertikal und luftig wirkt, wirkt der Urstil des Berghains bodenständig und horizontal, eine Rückkehr zur Erde: »For sure, Berghain is more horizontal dance – im floating, when in Pano is more vertical – bouncy.« Dieses Phänomen der Reproduktion von Tanzgesten ist eine Besonderheit des Berghains. Die Stammgäste sind Inspirationsquelle für die Neuzugänge, ihre Gesten werden kopiert und zitiert. »I copy moves a lot while I look around, it sort of just happens. So yeah, I do think that every dancer I meet affect my style, and I do spend a lot of time at Berghain for this reason.« (F., Finnland). Mehrere Stammgäste behaupten, dass sie von diesem für den

Ort so charakteristischen Tanzstil inspiriert wurden, um erst später davon abzuweichen. Der Tanz spielt sicherlich eine entscheidende Rolle, da er das Individuum mit dem Kollektiv auf der Tanzfläche verbindet und die Interaktion fördert. Es ist ein Geselligkeitsfaktor, der die Macht des Wortes als Kommunikationsvermittler durch den Körper ersetzt, ein Medium, das den Gemeinschaftssinn stärkt (Klein, 1999). Der Tanz erzeugt zudem externe und interne Distinktionsmerkmale, durch welche sich das Stammpublikum zum Publikum anderer Berliner Clubs sowie zu dem »passiven« Publikum abgrenzt und insofern als »Treibkraft« der Tanzfläche posiert:

> »Im Berghain gibt jeder auf der Tanzfläche sein Bestes, als wäre es der letzte Tag. Wenn ich in andere Clubs gehe, finde ich es schnell langweilig. Die Leute schütteln den Kopf, sie tanzen nicht. Wer noch nicht im Berghain gewesen ist, weiß nicht, was es heißt, richtig zu tanzen.« (A., Frankreich)

Eine der Eigenschaften, die die Stammgäste dem »treibenden« Publikum zuschreiben, ist die Energie, die für das Tanzen aufgewendet wird. Die Insider sind an ihrem extrovertierten Verhalten auf der Tanzfläche zu erkennen und treffen sich zum Teil vorne links, in der so genannten »Front Left Zone«, wo sich die »Freaks[84]« und Extravaganten, konzentrieren. «I mostly dance front left. At this place, people tend to dance more.« (E., Deutschland) Die Beziehung zum Tanz erzeugt dadurch eine gewisse Raumaufteilung: je mehr sich die TeilnehmerInnen auf den Tanz einlassen, desto mehr finden sie sich vorne links oder auf den Podien wieder. T. (Ukraine)

84 Der angelsächsische Begriff «Freak» bezieht sich auf «monster», «creatures» oder auch «bizarre animals». Smith und Sturges stellen in ihrer Studie über die Drogenszene von San Francisco fest, dass «Freak» denjenigen bezeichnet, der drogenabhängig ist. In: The semantics of the San Francisco Drug scene, in: A Review of General Semantics/Vol. 26, No. 2 (June 1969), pp. 168–175. Im weiteren Sinne bezeichnet der Begriff Freak einen Nonkonformisten, insbesondere wegen seines Aussehens, Sozialverhaltens, seiner sexuellen Orientierung und Exzentrik. Siehe Renate Lorenz, Queer Art: A Freak Theory, Bielefeld: Transcript, 2012, 179 S.; Eli Clare, Exile and Pride, Kapitel: «Freaks and Queers», Duke University Press, 2015.

beschreibt die Einteilung der Tanzfläche, die teilweise der amüsanten empirischen Vision des Künstlers Stefan Goldmanns[85] entspricht, wie folgt:

> »Ok, so if we are looking at the Berghain floor from above, facing the DJ, here's a map how I see it: front left – entities, queers; front right – who is it? Friends of the DJ? People just arrived from the bar? Middle left – darkroom boys; middle – who has the will to make it there every time? Middle right – mostly hetero spot, but a fun one! Try it. I do some dance there every time now. Back left – darkroom/gym boys; back middle – mixed; back right – Leute on ecstasy.«

Auf der Tanzfläche wird immer ein Mindestabstand, eine intime Distanz zwischen den Tanzenden eingehalten, und selbst bei großem Andrang kommt es nur zu sehr wenigen Rempeleien. Dabei werden implizite Höflichkeitskonventionen eingehalten: Die TänzerInnen bewegen sich sehr kalkuliert, um sich nicht gegenseitig zu tangieren. Wenn ein Tänzer einem anderen Tänzer zu nahe kommt, signalisiert der ›Bedrängte‹ dem ›Bedränger‹ oft, nicht in seinen Raum einzudringen. Diese Beobachtung bezieht sich auf das von Edward T. Hall entwickelte Konzept der Proxemik, die er in *The hidden dimension*[86] (1966) als »die verborgene Dimension der Interaktion« definiert. »Ich brauche viel Platz um mich herum, wenn ich tanze. Ich mag es nicht, wenn man um mich herum tanzt, es sei denn, man flirtet. Ich tanze immer allein. Es ist ziemlich ärgerlich für die Leute um mich herum, weil ich jeden Teil meines Körpers benutze.« (A., Deutschland). Die Beibehaltung dieser intimen Distanz zwischen den TänzerInnen ermöglicht es ihnen, frei zu tanzen. Indem sie den persönlichen Freiraum bewahrt, garantiert die Distanz auch, dass die Party wortwörtlich reibungslos verläuft. Im Gegensatz zu soziopetalen Räumen, in denen die Nähe von Körpern im Berghain toleriert wird (wie z. B. die Schaukel, die Toiletten oder die Chill-Out-Räume) ist der Körperkontakt auf der Tanzfläche nicht erwünscht. Die Nichteinhaltung dieser impliziten Regel, wie z. B. das Drängeln auf der

---

85 https://sgoldmann.wordpress.com/archive/berghain2016-01/

86 Hall, Edward T. (1990), The hidden dimension, Anchor.

Tanzfläche, wird schnell als abweichendes Verhalten erkannt. »I like to have space to dance and don't like it when people are all the time bumping into me«, sagt E. aus den Niederlanden. Einige soziofugale Verhaltensmuster, die auf eine maximale Trennung der Körper abzielen, um persönliche Tanzterritorien zu schützen, lassen sich aber auch auf der Tanzfläche beobachten. Menschen, die ein Maximum an individuellem Tanzraum wollen, stehen etwas abseits, entweder in der Ecke vor den Dark Rooms, am hinteren Ende des Berghains oder rechts von der Treppe. Die Tanzfläche bietet sich also als ein Aggregat von kleinen, von einer intimen Distanz abgesicherten Tanzbereichen oder *body bubbles* – ganz im Sinne von E.T. Halls *personal space* – innerhalb eines kollektiven Raums.

Trance-Formation

> »After the womb: Brilliant thoughts kindle twigs of passion burn and crack. How nice it is to share your mask for the night. Heart map universe needles pinned in stars. The milky way starts and ends up in one's chest. – This is the poem that I wrote after my first time in Berghain.« (I., Bulgarien)

Die Stammgäste bevorzugen die Tanzfläche des Berghains gegenüber der Panorama-Bar[87], teilweise wegen der dort herrschenden Dunkelheit teilweise wegen dem schnelleren Tempo der aufgelegten Musik. Techno im Viervierteltakt, im sog. *four to the floor*, der bis zu 140 Beats per Minute erreichen kann und sich aus Samples und Loops zusammensetzt, schafft günstige Voraussetzungen für die Trance. Der Körper jubelt. »I prefer Berghain. With house, it can be a bit harder to get into the state of trance I need.« (G., Brasilien) »Im Berghain tanze ich intensiver und genieße es

87 Auf die Frage (Q11/Part 2) »How do you divide your time between the Panorama Bar and the Berghain« antworteten die befragten Stammgäste, dass sie 2/3 ihrer Zeit im Berghain verbringen.

mehr. Die Musik fängt mich leichter ein.« (E., Deutschland). Durch den Tanz wird der Körper inszeniert und interagiert mit anderen in der Masse. Der Tanz ist eine Technik des Körpers, die verschiedene Ziele haben kann: ästhetische Inszenierung des Körpers, Weg zur Trance, Liebeswerbung usw. E. Goffman erinnert uns in seinem Buch *The Presentation of Self in Everyday Life* (1959) daran, dass das Ich nicht außerhalb seiner eigenen Darstellung existiert. Auf der Tanzfläche findet diese Selbstdarstellung durch den Tanz statt, der Teil der »persönlichen Fassade« ist[88]. Im Tanz äußert sich der Wille, etwas zu zeigen. Das dreidimensionale Setting des Berghains, das den Körpern ermöglicht, aus allen möglichen Blickwinkeln gesehen zu werden, erleichtert die Selbstinszenierung und Erotisierung der Körper im Tanz und stärkt so das Selbstwertgefühl des Tänzers/der Tänzerin.

> »Früher habe ich soft getanzt. Ich habe mich nicht allzu sehr getraut. Mit dem Berghain entdeckte ich eine weitere Beziehung zum Tanz. Da ich klein bin, habe ich mich mit meinem Körper nicht immer sehr wohl gefühlt. Jetzt tanze ich auf dem Podium. Beim Tanzen habe ich gelernt, loszulassen, meinen Körper zu zeigen und zu mögen, das Tanzen zu genießen, ohne verurteilt zu werden.« (C., Frankreich)

Viele berichten davon, im Berghain dank der – oft kombinierten – Wirkung von Tanz und Drogen einen Trancezustand erlebt zu haben. Trance kann hier als »Bewusstseinsveränderung« definiert werden. Sie wird im Gegensatz zur Ekstase kollektiv erlebt. »I feel on a trance and it's like I am not there but I am totally aware I am there, quite similar of receiving the holy ghost in a baptist church.« (H., Brasilien) Die Tänzerinnen und Tänzer erleben diese Grenzerfahrung, bei der das Subjekt aus sich selbst herausgeht und in die Masse eintaucht. In der heterotopischen Raum-Zeit des Berghains lassen die Tänzer los und brechen ihre Subjektivität, um die Osmose zuzulassen. Techno entwurzelt das Ego in der Trance und bringt das Subjekt an seine alleinige körperliche Präsenz zurück. Die Stoßzeit am Sonntag bildet den Höhepunkt der kollektiven Trance. Viele Stammgäste

---

88 Detrez, Christine (2002), La construction sociale du corps, Seuil, 2002, S. 128.

vergleichen diese Erfahrung mit einer Form der Meditation, und nicht selten schließen die Menschen beim Tanz die Augen oder nehmen sogar Yoga-Standhaltungen ein, wie im Fall von E. (Frankreich) oder A. (Deutschland):

> »Es ist unvergleichlich. Es gibt keinen anderen Ort, an dem ich so abschalten kann, an dem ich einen solchen Trancezustand, diesen Zustand der Meditation erreichen kann. Auf der einen Seite schalte ich ab, auf der anderen Seite tauche ich in mich selbst ein, in einen reflexiven Prozess. Ich bin in einer anderen Welt. Ich glaube, dass wir all den Stress, den wir durch die Arbeit haben, in unserem Körper speichern und dort alles, was wir durch den Tanz aufgespeichert haben, loslassen, um neue Energien zu suchen. Man kann mit seinen Gefühlen, mit seinem Körper malen und zeichnen. Es geht nur darum, abzuschalten. Es ist schwer, dieses Gefühl zu erklären. Es gibt viele dort, die ganz allein sind und die für sich selbst tanzen, die tanzen, als würden sie träumen. Es geht nicht um Choreographie, sondern darum, durch Tanzen in einen meditativen Zustand einzutauchen. Die Frage ist, wie viel wir wirklich tanzen. Es gibt so viele Menschen, die mit ihrem Mobiltelefon oder mit einem Getränk in der Hand tanzen. Hier können sie sich ganz loslassen, um sich wieder besser mit ihrem Körper zu verbinden. Die Idee ist, die Kontrolle über sich selbst zu verlieren, um sich dem Tanz hinzugeben.«

Tanz und Techno erscheinen daher als Faktoren der Vergemeinschaftung, indem sie durch Trance einen Austritt aus dem Selbst ermöglichen. Techno als Tanz bedeutet daher mehr als einen Wunsch nach Selbstinszenierung: er birgt in sich eine tiefe gemeinschaftliche Dimension (Klein, 1999). Im Berghain ermöglicht der Tanz, über die Vermittlung des Körpers eine Verbindung mit traditionellen Gesellschaften mit ›mechanischer Solidarität‹ wieder herzustellen, jener Form des sozialen Zusammenhalts, die auf ähnlichen Verhaltensweisen und Werten der Gesellschaft beruht (Durkheim, 1893)[89]. Er erlaubt es, mit der Individualisierung der modernen Gesellschaf-

89 Durkheim, Emile, Über soziale Arbeitsteilung, Suhrkamp Taschenbuch, 1992, Originalausgabe: 1893. Im Gegensatz zu den Gesellschaften mit »mechanischer Solidarität« charakterisieren sich die modernen Gesellschaften mit »organischer

ten temporär zu brechen. Im Gegensatz zu einer vermeintlichen Abkapselung des Ravers öffnet der Tanz einen Raum für die Gemeinschaft und die Osmose. Damit geht das *Ich*, durch die Musik mit allen anderen TänzerInnen synchronisiert, in das *Wir* auf. Viele Berghainer berichten von diesem Gipfelerlebnis, dieser paroxysmalen Erfahrung im Sinne von Maslow[90], das aus jenen Momenten des Glücks, der Verbundenheit und der maximalen Selbstverwirklichung besteht. Sie behaupten, diese »peak experience« sehr selten in anderen Clubs oder auf anderen Partys finden zu können, so dass die Stärke des Erlebten aber auch den Auftakt zu einer gewissen Verdrossenheit bilden kann: »Ich war von 18 bis 24 in fast jedem Club in Berlin. Nach dem Berghain erscheint mir alles lahm.« (A., Frankreich). Wegen der emotionalen Achterbahn, die es induziert, positioniert sich das Berghain als eine Glücksfabrik: Auf einer Skala von 100 schätzen die Stammgäste ihren Glücksindex auf 83.

Land of Cockaigne[91]

In seinem Buch *Outsiders* (1966) weist Howard Becker[92] dem Begriff der Devianz eine neue Bedeutung zu, die nicht nur das Ergebnis der Transgression, sondern auch der Haltung gegenüber dieser Transgression ist. Der Begriff der Devianz enthält also drei Elemente: eine Norm, deren Überschreitung und einen Prozess der sozialen Stigmatisierung der Transgression.

Solidarität« durch die Arbeitsteilung und die Komplementarität der Funktionen zwischen den Menschen. Diese Differenzierung der Aktivitäten und sozialen Rollen trennt aber die Menschen voneinander.

90 Maslow, A.H. (1964). Religions, Values and Peak-experiences. Columbus, OH: Ohio State University Press.

91 Als Anspielung auf das gleichnamige Gemälde von Peter Bruegel hat der Künstler Cyprien Gaillard für die Ausstellung »Studio Berlin« den Schriftzug »Land of Cockaigne« direkt in die Metallwand einer Toilettenkabine eingraviert und als »Land of Cocaine« betrachtet, spielt der Titel auch auf den Kokainkonsum in der Technoszene an.

92 Becker, Howard, Outsiders, Studies in the Sociology of Deviance, Free Press, 2018 (Originalausgabe: 1966).

Devianz ist daher relativ und als soziale Konstruktion zu verstehen, als das Produkt einer Etikettierung von Verhaltensweisen, die von der Gesellschaft als abweichend angesehen werden. Sie existiert nicht an sich, sie bildet sich im Urteil anderer (Becker, 1963). Vieles, was früher als auf der individuellen Ebene als abweichend und anormal angesehen wurde, konnte dieses Stigma durch das Wegfallen gesellschaftlicher Etikettierung ablegen. Die Tatsache z. B., dass Homosexualität bis 1990 von der WHO noch als psychische Krankheit angesehen wurde, ist ein Beleg für diese Tendenz, soziale Randgruppen und Verhaltensweisen als transgressiv im Vergleich mit einer vermeintlichen Norm anzusehen. Aus beckerianischer Perspektive könnte man sagen, dass das Berghain, wie auch andere Techno-Subkulturen überhaupt, den Begriff der Devianz neu positioniert. In den liberalen Ländern des Westens ist der Drogenkonsum in der Techno-Subkultur durchaus weit verbreitet. Drogenkonsum, in den meisten sozialen Milieus als Abweichung betrachtet, gilt im Techno-Umfeld als normal und wird von seinem Publikum als praktizierte Gewohnheit betrachtet. 9 von 10 befragten Personen gaben an, regelmäßig Drogen zu konsumieren, deutlich weniger gaben an, regelmäßig Alkohol zu konsumieren[93]. Dies bedeutet jedoch nicht, dass der Club eine permissive Drogenpolitik verfolgt, im Gegenteil. Offiziell herrscht im Berghain ein ausdrückliches Drogenverbot. Die bei den Besuchern während der Taschenkontrolle gefundenen Substanzen werden ohne Ausnahme beschlagnahmt. Diejenigen, die mit GHB, im Milieu »G« genannt, erwischt werden, erhalten ein drei- bis sechsmonatiges Verbot. Diejenigen, die auf frischer Tat mit einer großen Drogenmenge oder ultraschädlichen Substanzen wie Crack erwischt werden, werden der Polizei übergeben. Die Devianz liegt erst vor, wenn die Konsumenten den Konsum nicht kontrollieren können oder der Konsum in den öffentlichen Bereichen des Clubs stattfindet. Der Cannabis-Konsum, der im Gesetz des Landes Berlin ausdrücklich nicht verboten ist, wird deshalb in den Clubs toleriert[94]. Diese pragmatische Haltung, die den Kampf gegen härtere Dro-

---

93 Ethnographische Studie zum Stammpublikum des Berghains auf der Basis von 40 befragten Menschen.

94 56 % der Befragten erklärten in der Erhebung, dass sie ab und zu oder oft Gras/Cannabis rauchen.

gen priorisiert, spiegelt auch die Politik der Toleranz wider, die in Berlin herrscht, einer Stadt, in der der Konsum von bis zu 15g Cannabis möglich ist, ohne strafrechtlich verfolgt zu werden. Der gesetzgeberische Diskurs bestätigt und bestimmt weitgehend, wie die Gesellschaft das Thema Devianz betrachtet. Wie S. (Ukraine) mit bissigem Humor berichtet: »The last menu showed 10+ rounds of G and Keta. 0.5 pill. A lot of nicotine and Coca Cola – these are *legal drugs*.« Auf die Frage, was sie für eine »abweichende« Droge halten, geben die Stammgäste im Berghain nuancierte Antworten (ebd.). Zwei Substanzen finden sich jedoch mit auffallender Häufigkeit in den Antworten wieder: GHB/GBL und Alkohol.

Dass die Technofans Alkohol als Droge bezeichnen, weist dem Begriff der Devianz auch eine neue Bedeutung zu. Während im juristischen Diskurs der Konsum harter Drogen als »abweichend«, ja illegal bezeichnet, und Alkohol toleriert wird, stellen die Technofans diese Norm auf den Kopf. Fast ein Drittel der Stammgäste gab an, wenig oder sogar keinen Alkohol zu trinken[95]. Der Alkoholkonsum im Berghain beschränkt sich bei den meisten auf Shots oder ein paar Bierflaschen. Wenn ein Alkoholgetränk angeboten wird, lehnen Stammgäste die Einladung oft ab. Wenn sie sie annehmen, bevorzugen sie ein Wasser, eine Saftschorle oder einen Club Mate. Die Berghainer, die Alkohol trinken, geben im Schnitt an, dass sie über einen Zeitraum von 16 Stunden zwei bis sechs Gläser konsumieren, d.h. jede zweite oder dritte Stunde ein Glas. Alkohol wird oft als Ursache für abweichendes Verhalten zitiert: Gewalt, Drängeln, mangelnde Selbstkontrolle, aufdringliches Flirten. »Alkohol macht die Menschen für andere lästig... Die Berliner Nacht ist ein Ort, an dem sich alle amüsieren können, nicht um sie mit betrunkenen, flachen und endlosen Gesprächen zu vergiften«, erklärt T. aus der Ukraine.

Der zu Beginn der Neunziger Jahre in der schwulen Community entstandene Konsum von GHB/GBL gilt auch für einen Teil der Stammkundschaft als abweichend. »Ich hasse GHB! Du hast keine Kontrolle! Nur Blackouts!« (S., Deutschland) *G-Holes* (Bewusstlosigkeit wegen GHB) sind häufig. Es kann leicht zu Überdosierungen kommen, was dramatische Konsequenzen haben kann. Eine mit GHB aufgegriffene Person wird sofort ausgewiesen

95 Erhebung zum Stammpublikum des Berghains (2018–2019).

und für drei Monate gesperrt. Das Thema scheint das Stammpublikum in jene zu teilen, die GBH regelmäßig auf Partys einnehmen und jenen, die sich dieser Droge konsequent verweigern. Das Beispiel von GHB/GBL zeigt, dass die Etikettierung als »abweichende« Droge durch einige Teile des Publikums mit dem Risiko des Verlustes der Selbstkontrolle durch die Droge begründet wird und nicht mit der Ablehnung der Drogen an sich. Diese Meinungsverschiedenheit über den Gebrauch von GHB in der Partyszene bringt ans Licht, dass das Berghain als Raum der Befreiung von Normen funktionieren kann, nur weil er auch einen Raum für Selbstdisziplinierung bildet. In dieser Hinsicht scheinen Alkohol wie GHB, einen größeren Kontrollverlust zu verursachen als andere Drogen. Was auch immer die Ursache ist, der Kontrollverlust kann schmerzhafte Folgen mit sich bringen:

> »Ein Kumpel von mir war mit einer Freundin zusammen, die Plateauschuhe trug. Die Arme ist im Garten des Berghains gestürzt und hat sich die Zähne gebrochen. Es gab Blut überall. Das Sicherheitspersonal hat sie bis zur Tür hinausgeführt. Sie war richtig high. Sie haben sie einfach rausgeschmissen. Sie haben meinem Kumpel vier oder fünf Zähne gereicht und ihm gesagt: »Hey, ist das deine Freundin? Hier sind ihre Zähne.« (D., Schweiz)

Der »Mischkonsum« überwiegt die Beschränkung auf jeweils nur eine einzelne Droge[96]. Dieser Befund bestätigt frühere Studien, die zeigen, dass der multiple Substanzgebrauch von illegalen Substanzen wie Cannabis, Ecstasy, Amphetaminen (Speed) und Kokain in der Techno-Szene seit geraumer Zeit die Norm ist. Ecstasy und Speed sind in Berliner Clubs noch immer traditionell weit verbreitet, im Gegensatz zu halluzinogenen psychedelischen Drogen wie LSD, das in der Natur ein besseres immersives Umfeld

96 Unter 18 befragten Stammgästen wurden folgende Drogen in dieser Reihenfolge konsumiert: Kokain und Ketamin jeweils 72,2 %, Speed 61 %, MDMA/ecstasy 55,5 %, GHB/GBL 27,8 %, LSD/mushrooms 27,8 %, Poppers 27,8 %. Siehe Tossmann P., Boldt. S, Tensil M.-D., The Use of Drugs within the Techno Party Scene in European Metropolitan Cities, in European Addiction research 7 (1): 2–23, April 2001.

bietet. In geringerem Maße konsumieren die Berghainer Poppers, Metadon, nur in seltenen Fällen auch Crystal Meth. Ketamin, ein dissoziatives Anästhetikum, und Kokain scheinen unter den Befragten, vor Cannabis, Speed und MDMA die am häufigsten konsumierten Drogen zu sein. Während eine Ecstasy-Pille in Berlin zwischen 5 und 10 Euro verkauft wird, beträgt der Preis für 1 Gramm Kokain etwa 70 Euro. Dies lässt einen Bruch mit der gängigen Drogenkultur der 1990er Jahre ahnen, als billige Drogen wie Speed und Ecstasy in der Techno-Subkultur vorherrschten. Kokain wurde lange mehr von wohlhabenden Bevölkerungsschichten konsumiert und sein Konsum ist in reichen Städten wie Paris, London oder Mailand weit verbreitet. Wahrscheinlich haben bemittelte Techno-Touristen und Expats, deren vermehrten Zuzug man seit den 2000er Jahren beobachten kann, diese Konsumgewohnheiten mit nach Berlin gebracht. Der hohe Kokainkonsum lässt sich sowohl als Zeichen eines tiefgreifenden sozialen Wandels des Techno-Publikums als auch als Konsequenz eines Gentrifizierungsprozesses, der Berlin seit den Nuller Jahren erfasst hat, interpretieren. Offenbart sich am Beispiel des Berghains vielleicht ein Wandel der Technokultur generell, weg von einer Subkultur, die allen offenstand und welche die sozialen Unterschiede ihrer Mitglieder verwischen sollte durch billige Drogen, hin zu einer homogenen, exklusiven Subkultur, deren Mitglieder sich größtenteils aus privilegierten Bevölkerungsschichten rekrutieren wird?

Die Schenkökonomie

Der Drogenkonsum trägt vor allem dazu bei, Menschen in einer hedonistischen Gemeinschaft zusammenzubringen, welche sich durch Tanz, Sexualität, Exzess oder Ekstase manifestiert. Indem er auf dem Prinzip des Teilens und der Schenkökonomie beruht, spielt er eine gesellschaftsbindende Rolle. Gruppen werden gebildet, in denen die Substanzen ähnlich wie in schamanischen Ritualen geteilt werden. Drogen, die kollektiv konsumiert werden, sind ein Mittel der Sozialisierung und der Solidarisierung, ein Mittel zur Schaffung eines Gemeinschaftsgefühls, das zumindest für die

Dauer des gemeinsamen Feierns besteht. So ist es zum Beispiel in der Partyszene üblich, einer Person, die sich müde oder schlecht fühlt, eine Line Speed anzubieten, um sie wieder auf die Beine zu bringen. Dafür beruht der Konsum von Substanzen auf einem progressiven Lernprozess, der dem von H. Becker beschriebenen ähnlich ist: Erlernen der Technik (Erwerb eines Know-How, das für jede Droge je nach Verabreichungsart spezifisch sind); Erlernen der Effekte (Erkennen der verursachten Wirkungen und wissen, wie man mit den unerwünschten Wirkungen umgeht); Erlernen des Genusses (Interpretation der Empfindungen als angenehm). Der wiederholte Besuch des Clubs führt zu einer Normalisierung des Konsums und in der Folge zu einem wachsenden Verantwortungsbewusstsein. »I think it got more normal, standard to take something.« (E., Niederlande) »I am more casual about it but also very careful to not end up like people that I've seen collapsing.« (A., Deutschland). Der Konsum basiert auf dem Erlernen der Auswirkungen auf die Wahrnehmung und das Raumgefühl: »If I feel like it's too tight on the dance floor, I take a bigger line of keta, it expands the space. Generally I need a lot of space to dance.« (S., Ukraine) Der Gebrauch von Drogen ist gekoppelt an einen Prozess der körperlichen Erforschung verbunden, der darauf abzielt, die Empfindungen dem eigenen Stoffwechsel gemäß zu optimieren:

> »Im Laufe der Jahre wurde mir klar, dass Koks mich völlig dumm und paranoid machte. Mit Ecstasy hingegen spüre ich meinen Körper viel intensiver, wie Wärme im Nacken und in den Schultern, mit einem Kribbeln in den Fingerspitzen. Es bringt mir nicht nur Energie, sondern auch Geschmeidigkeit und Sinnlichkeit in meine Bewegungen, der Körper ist geschmeidiger und energischer.« (M., England).
>
> »Ich habe LSD entdeckt, aber es ist eher eine spirituelle Sache. Für mich funktioniert Ketamin gut mit Tanz, aber nicht mit MDMA. Ich kann nicht auf Ekstase tanzen. Meine Beine sind alle schlaff. Ich muss mich vorher ein wenig aufwärmen, um flexibler zu sein. Das ist der Vorteil mit Keta. Aber wenn man sich ans DJ-Set präzis erinnern will, ist es besser, so wenig wie möglich zu nehmen, um die durch die Musik hervorgerufenen Emotionen zu potenzieren. Es ist schöner, es hält länger.« (A., Deutschland)

Die Auswirkungen der Droge auf die sozialen Interaktionen können in zwei Gruppen klassifiziert werden. Zum einen ein soziofugaler Effekt, der die sozialen Interaktionen relativ einschränkt wie Ketamin, auch »kitty« gennant, ein Dissoziativum, welches das Denken aufhebt und das Gefühl vermittelt, von seinem Körper getrennt zu sein: »Ich tanze gerne auf Ketamin. Ich schließe meine Augen. Wenn ich auf Keta tanze, habe ich das Gefühl zu schweben. Ich bin in mich selbst vertieft. »(E., Frankreich) Zum anderen ein soziopetaler Effekt (bei Drogen wie Ecstasy oder GHB/GBL), der Empathie erweckt, die Sozialisation, den Tastsinn oder sogar auch die sexuelle Enthemmung fördert. Die selbstbezogenen Aspekte der Drogen können ebenfalls in zwei Gruppen klassifiziert werden: empfinden und aushalten. Empfinden bedeutet, Körperempfindungen auf der Tanzfläche intensiver zu erleben (z. B. auf Ketamin oder Ecstasy). Aushalten bedeutet, dass man den Müdigkeitszustand durch den Konsum von Stimulanzien (Amphetaminen, Kokain) bekämpft. Diejenigen im Stammpublikum, die nie Drogen genommen haben (oder damit aufgehört haben), scheinen eine Minderheit im Stammpublikum darzustellen (weniger als 10 % der Befragten). Die meisten gaben an, ohne chemische Zusätze nicht länger als 6–8 Stunden am Stück tanzen zu können und selten bis zum Closing durchzuhalten. Die Tatsache sollte noch Erwähnung finden, dass die ›cleanen‹ Stammgäste keinerlei Ächtung oder Missbilligung ihres freiwilligen Verzichtes seitens der konsumierenden Mehrheit der Stammgäste erfahren:

> »Ich nehme keine Drogen. Ich weiß, dass ich in diesem Umfeld eine Ausnahme bin. Ich fühle mich überhaupt nicht ausgegrenzt, aber so fühle ich mich nach einer Weile halt müde. Anders kann man nicht durchhalten. Ich kann höchstens acht Stunden durchhalten. Meine Droge ist das Tanzen. Weiter nichts.« (M., Deutschland)

Der Konsum von Speed im Techno-Umfeld kann mit Doping zum Zweck körperlicher Leistungssteigerung im Sport verglichen werden, denn die Stimulanzien vergrößern die körperliche Ausdauer. B. (Frankreich) erzählt, dass er Ketamin einnimmt, um die Schmerzschwelle heraufzusetzen: »Ich habe oft Rückenschmerzen. Um so zu tanzen, wie ich tanze, brauche ich etwas, das mir hilft, mit dem Schmerz umzugehen. Auf Keta habe ich das Gefühl, dass meine Bewegungen flüssig sind und die Schmerzen aufhören.« Die Einnahme von Stimulanzien oder Anästhetika wird von den meisten Stammgästen praktiziert, die bis zum Closing durchhalten wollen. Um dies zu erreichen, kombinieren Stammgäste die beiden Effekte (empfinden/aushalten). Drogen sind daher als ein Mittel zu betrachten, um die Utopien des Körpers zu erreichen, einen Körper mit unbegrenzter Potentialität zu spüren, dessen Grenzen in immer weitere Ferne zu rücken.

> »Ich liebe meinen Körper mehr, seit ich ins Berghain gehe. Ich finde die Menschen dort schön. Das liegt wahrscheinlich daran, dass sie viel tanzen. Da Drogen ein Appetitzügler sind und die Menschen wie verrückt tanzen, wird ihr Körper immer feiner. In meinem Alter neigen all meine Kumpels dazu, zuzunehmen. Ich bin das Gegenteil. Ich fühle mich in der Blüte meiner Jahre, als ob mein Körper voll ausgelastet wäre.« (M., England)

Die Gefahr außer Kontrolle zu geraten ist jedoch real. K-Holes und G-Holes sind selten, kommen aber vor. Während zwei Drittel der Stammgäste angaben, ihren Konsum unter Kontrolle zu haben, gab ein Drittel zu, schon einmal in ihrer Raver-Karriere die Kontrolle verloren zu haben. Schwächeanfälle werden dem Sicherheitsdienst gemeldet und der Club leistet im Notfall erste Hilfe und wenn nötig werden die Gäste ins Krankenhaus gebracht. Die Veröffentlichung eines Artikels im *Spiegel* im Jahr 2018[97], in dem über den Tod einer kalifornischen Touristin nach einer Ecstasy-Überdosis berichtet wird, hat die Debatte über die angeblich passive Haltung der Club-Szene neu entfacht. Angesichts der Ineffizienz einer repressiven Politik, die die soziale Bedeutung von Drogen in der Technokultur leugnet, scheint die Prävention und Aufklärungsarbeit, die insbesondere auf Technofestivals durchgeführt werden, eine wesentlich effektivere Antwort zu sein. Die Forschung zeigt seit langem, dass Drogen und Techno-Subkultur eng miteinander verbunden sind (Tossmann, Boldt,

97 Ozang, Alexander, »Todeskampf im Berghain«, im Spiegel, 18.03.2018.

Tensil, 2001). Das Berghain scheint insofern, wie andere Berliner Clubs auch, eine pragmatische Politik in diesem Bereich zu verfolgen. Dabei werden der strenge Drogencheck am Eingang, der Kampf gegen GHB und sogar die Zusammenarbeit mit der Polizei im Falle eines erwischten Dealers durch eine relativ tolerante Politik gegenüber als weniger schädlich betrachteten Drogen ausgeglichen, solange der Konsum sich auf die nichtöffentlichen Bereiche beschränkt. Jemand, der auf frischer Tat mit Ecstasy oder Ketamin erwischt wird, wird z. B. nicht zur Tür hinausgeführt, aber seine Drogen werden beschlagnahmt. Aus Gründen der Praktikabilität scheinen sich die Techno-Clubs für eine Zwischenlösung entschieden zu haben, die sowohl den Gewohnheiten des Publikums als auch den Verpflichtungen der Behörden Rechnung trägt: zwischen bedingter Toleranz und Repressionen gegen als besonders schädlich eingestufte Drogen.

Autodisziplin und Selbstzwang des Körpers

Hinter der Utopie eines immateriellen, »körperlosen Körpers«, der durch die Wirkung der Droge verstärkt wird, verbergen sich jedoch mächtige Mechanismen der Selbstdisziplin. Das Berghain funktioniert als tolerierter Raum für entfesselte Emotionen, weil das Stammpublikum gleichzeitig einen Selbstzwangprozess verinnerlicht hat. Die Arbeit von Norbert Elias unterstreicht diese enge Verbindung zwischen dem »Zivilisationsprozess«[98], der in den westlichen Ländern zu sehen ist, und der Entwicklung eines Schamgefühls. In individualistischen Gesellschaften beobachten wir seit dem Spätmittelalter, so Elias, eine Verinnerlichung der Zwänge der Moral, den Trend, seine Affekte in der Öffentlichkeit zu kontrollieren und den freien Ausdruck seiner Triebe zu bändigen. Diese allmähliche Domestizierung der körperlichen Gewohnheiten trägt zu dem bei, was Elias den »Zivilisationsprozess« nennt. Der Soziologe beobachtet aber auch paradoxe

98 Elias, Norbert, (1997) Über den Prozeß der Zivilisation 2: Wandlungen der Gesellschaft. Entwurf zu einer Theorie der Zivilisation. Soziogenetische und psychogenetische Untersuchungen (Originalausgabe: 1939), Suhrkamp.

Phasen der »Entspannung« im Kontext der zunehmenden Selbstkontrolle von Emotionen und Gesten. Dass beispielsweise das Baden der westlichen Frauen in Badeanzügen in der Öffentlichkeit heute als normal gilt, erforderte ein hohes Maß kollektiv verinnerlichter Emotions- Impulskontrolle. Es handelt sich um eine »Lockerung, die sich vollkommen in Rahmen eines bestimmten zivilisierten Standardverhaltens hält, d. h. im Rahmen einer automatischen, als Gewohnheit angezüchteten Bindung und Umformung der Affekte sehr hohen Grades« (Elias, 1935). Was Elias als kontrollierte »Lockerung der Kontrolle über die Emotionen« bezeichnet, manifestiert sich beispielsweise am Ende des 19. Jahrhunderts mit dem Aufkommen des Naturismus, verstärkt durch die sexuelle Befreiung der Jahre 1960–70 und erreicht heute seinen Höhepunkt durch die Vermehrung der sogenannten »sexpositiven« Partys, wo Nacktheit und Sexualität in den Berliner Clubs sich immer mehr normalisieren. Diese Berliner Partys wie die ›Pornceptual‹-Events verbreiten sich mittlerweile in den Metropolen Europas, wie London, Paris oder Stockholm. Innerhalb des Berghains erkennen wir auch diese Lockerung der Kontrolle über die Emotionen an verschiedenen Zeichen: im unkomplizierten Verhältnis zur Nacktheit oder Sexualität in der Öffentlichkeit, zur Inszenierung der Körper innerhalb der Gruppe. Die Schammechanismen sind relativ locker. Die Lockerung der Emotionen und der Verhaltensweisen in einer Gesellschaft, die von der Kontrolle der körperlichen Praktiken durchaus geprägt ist, spielen hier eine kathartische Rolle. Damit sie aber keine Gefahr körperlicher Gewalt für die Gruppe darstellt, muss sie von einer starken Selbstdisziplinierung begleitet werden. Entweder verinnerlichen die Stammgäste sie schnell oder sie werden bei Nichteinhaltung ausgewiesen. Andere ohne ihre Einwilligung zu berühren, zu nah zu tanzen, keine intime Distanz zu halten oder gar zu lange in die Augen zu schauen, sind z. B. körperliche Grenzen, die nicht überschritten werden dürfen. Es geht also nicht so sehr um eine totale Befreiung von Affekten als vielmehr um eine stark kontrollierte Enthemmung, die mit der Ethik der Einwilligung und dem Respekt vor dem Körper der anderen einhergeht: »Es stört mich überhaupt nicht, dass Paare in der Öffentlichkeit Sex haben. Das ist cool, solange alle einen respektvollen Abstand halten.« (J., Frankreich). Diese Selbstzwangmechanismen können auch im Zusammenhang mit Drogen beobachtet werden. Wenn GHB/GBL und Alkohol abgelehnt werden, dann deshalb, weil sie einen Verlust der Selbstkontrolle und der Triebe hervorrufen:

> »I very much dislike GHB. I have tried it last summer at home a few times, but just to try. It can easily be very dangerous and even deadly. I don't have problems with people who micro-dose it, but if they take enough they are out of control, don't know what they are doing, looking bad, being arrogant or strongly in their sexual drive without any control and idea how it might affect people around them. And often they don't remember really what happened after.« (E., Niederlande)

Die zunehmende Verwendung von GHB/GBL, einem in der Technoszene weit verbreiteten industriellen Lösungsmittel, ist eine Konsumgewohnheit, die im schwulen Partyumfeld entstanden ist. Da sein Konsum im Falle einer Überdosierung bis zur Ohnmacht führen kann, impliziert er im Gegenzug eine noch strengere Selbstkontrolle:

> »Ich habe eine Taschenuhr, um die Zeit zwischen jeder Dosis GBL zu berechnen. Ich warte 70 bis 90 Minuten. Da ich Mathe studiere, ist es wirklich meine Sache, jede Stunde auf die Uhr zu schauen. Ich habe eine Uhr, um zu checken wie spät es ist und eine Stoppuhr für G. Ich verstehe es ganz, wenn mir Leute sagen, dass es nicht ihr Ding ist. Ich habe mein Leben unter Kontrolle. Das ist das Tolle an dem GBL. Wenn ich bei meiner Dosis bleibe, kann ich feiern, so lange ich will. Es hat mir erlaubt, mehrmals das Closing mitzumachen. Die Lichter gehen wieder an. Es wird hell. Man sieht glückliche Gesichter. Es ist ein magischer Moment. Die Menschen, die es bis zum Closing schaffen, sind die Menschen, die ihren Konsum unter Kontrolle haben, sonst können sie sich nicht halten.« (P., Deutschland)

Das Erlernen der Wirkungen und Wechselwirkungen von Drogen, die Regulierung ihres Gebrauchs, die Kenntnis der optimalen Dosierung, ohne dass man seine Gesundheit aufs Spiel setzt, der Verzicht auf Alkohol, der mit GHB unvereinbar ist, sind alle »Techniken des Körpers« (Mauss, 1934), die die Verinnerlichung der Selbstzwangmechanismen veranschaulichen:

> »It's hard to measure, but I tend to take breaks of several hours at a time to sober up. I don't like being too intoxicated so I tend to take smaller dosages.« (B., Deutschland)
>
> »Ich trinke keinen Alkohol, weil ich zu 100 % geistig anwesend sein will. Ich nehme nur GBL. Ich nehme kaum noch MDMA, weil es hart für den Körper ist. Ab und zu auch ein bisschen Ketamin. Die Kombination mit GBL ist nicht immer gut, weil einem schwindlig wird. Aber in kleinen Mengen kriegt man einen kleinen Pusher-Effekt ohne die negativen Auswirkungen. Gelegentlich auch ein wenig Kokain.« (P., Deutschland)

Oft wird der Begriff »Kontrolle« von Stammkunden verwendet, um ein selbst definiertes Konsummuster als »verantwortungsbewusst« zu rechtfertigen und es von »abweichendem«, d. h. unkontrolliertem zu unterscheiden. »I do not use MDMA anymore, now I have much more control over my use.« (A., Polen) Um 16 bis 36 Stunden durchzuhalten, ist es erforderlich, seinen Konsum zu regulieren und über die Zeit zu verteilen. Eine Minderheit nimmt schon vor der Party Drogen, die Mehrheit am Anfang der *Klubnacht*, und dann zieht sich der Konsum in die Länge und scheint in der Nacht von Sonntag auf Montag, auf dem Weg zum Closing, einen Höhepunkt zu erreichen:

> »Usually a bit in the beginning, and at some point when I get really tired, but I would say every 3 hours.« (T., Syrien)
>
> «Before the party, arriving at the party to get a bit more energetic and high, will use again when I lose a bit of energy, need a boost, and when my high is gone, I either wait or take another little piece to get back to the same feeling«. (E., Niederlande)

Der Drogenkonsum in der Berliner Techno-Szene geht mit einer Steuerung des Energieaufwands einher, denn in Berlin haben die Partys eine andere Temporalität als in den anderen westlichen Metropolen, in denen die Clubs beim Morgengrauen schließen. Aus diesem Grund induziert der Drogenkonsum mehr als anderswo Formen der Selbstkontrolle. Während die Zeitbeschränkung bei einer Party irgendwo anders zu einem unvernünftigen Konsumverhalten (Binge Drinking z. B.) führen kann, führt dagegen die Heterochronie des Berghains und anderer Berliner Clubs (Sisyphos, Griessmühle), die mehrere Tage hintereinander geöffnet sind, zu einem Lernprozess des eigenen Körpers, der die Implementierung von Mechanismen zur Selbstdisziplin erfordert:

> »In Lyon schließen die Clubs früh, so dass alle vor der Party schon drauf oder schnell besoffen sind, bevor sie ausgehen. Um fünf Uhr gehen alle nach Hause. Es war scheiße. 36 Stunden Party, da kann man nicht improvisieren. Man muss schon irgendwie seinen Körper kennen lernen, herausfinden, was er verträgt und was nicht. Wenn man nichts unter Kontrolle hat, wenn man keine Grenzen setzt, gerät man schnell außer Kontrolle. Im Berghain muss man lernen, seinen Aufwand zu bewältigen.« (B., Frankreich)

Wenn Alkohol von einigen Stammgästen abgelehnt wird, dann auch deshalb, weil er, genau wie GHB, unkontrolliertes Verhalten hervorruft. Alkohol wird von den Stammkunden zudem als ein Faktor körperlicher Beschränkung, als ein Beschleuniger des Müdigkeitszustands identifiziert. Er stellt sich insofern als ein Hindernis für die Utopien des Körpers dar. Indem er sich der Selbstkontrolle entgegensteht, wenn er in großen Mengen konsumiert wird, führt Alkohol zu einem unsozialen Verhalten:

> »Depends on the night. I treat alcohol like any other frequent use drug like speed and weed. They are always around but it is important to know when to leave them out in order to prevent an unpleasant combination of drugs. Like you would not take a line of ketamine when you are really drunk. But slightly tipsy is almost always ok.« (P, Finnland)

So sind die Utopien des durch Drogen potenzierten Körpers paradoxerweise nur mit mächtigen Selbstzwangmechanismen denkbar. Selbstauferlegte

Zwänge, deren Lockerung selbst wieder von einem Selbstzwang reguliert werden muss. Wie M. (Italien) berichtet: »Being under control and suddenly loosing it and then again taking it back and loose it again.« Diese Eliassche Frage der kontrollierten Lockerung der Kontrolle über die Emotionen ist im Kontext vom Berghain von besonderer Bedeutung, denn sie schützt auch die Party als kollektive Erfahrung: »I don‘t like speed because I don‘t like how I become anxious. I don't like ketamine because I can not control myself, it's like my brain and my body are separated and I am a control freak and I don't like that feeling.« (H., Korea) Der Begriff der Verantwortung wird häufig von Stammkunden angeführt, die dadurch ihre Missbilligung eines unangemessenen, d. h. unkontrollierten Gebrauchs von Drogen zum Ausdruck bringen. Diese Phänomene der Selbstregulierung beschränken sich nicht auf Drogen: Hydratation, die Suche nach einem ausgleichenden Lebensstil oder die Verwendung von Nahrungsergänzungsmitteln sind allesamt Formen des Selbstzwangsapparats. Die meisten Menschen essen vor dem Berghain ein reichhaltiges Frühstück oder eine leichte Mahlzeit, um den Hungerast zu vermeiden. »Before: something nutritious, with a lot of fats, proteins, vitamins, small amount of carbs. For example scrambled eggs with vegetables. During: fruit, smoothies, nut/fruit/cereal bars. After: something light and easy to eat, like homemade soups.« (B., Deutschland) Fast zwei Drittel der Stammgäste bringt sich Essen mit ins Berghain oder nutzt Nahrungsergänzungsmittel wie Magnesium zur Linderung von Muskelschmerzen:

> »Magnesiumtabletten, Cashewnüsse, Obst, Müsliriegel, Eiweißriegel, Bananen, 5HTP am Tag nach der Party. Ich nehme auch Magnesium, Vitamin B, C, D, 5HTP, Astaxanthin (Antioxidationsmittel), Reishi, Zink.« (A., Deutschland)
>
> »Ich nehme Magnesium, Grapefruitsaft und 24 Stunden danach 5HTP mit grünem Tee ein. Dazu gehe ich am nächsten Tag in die Sauna, um Giftstoffe auszuscheiden.« (M., England)

Während der *Klubnacht* konsumiert das Publikum auch eine große Menge Wasser, um das Risiko einer drogenbedingten Hyperthermie und einer

Dehydrierung wegen der Hitze zu mindern. »I drink a lot. Half a liter per hour so I would say maybe 12 liters in total« (B., Deutschland) Angesichts des gesamten Drogenkonsums und der Tatsache, dass etwa zwei Drittel der Befragten gestehen, Tabak oder Gras zu rauchen, mag der Begriff »gesunde Lebensweise« unpassend erscheinen, dennoch wird die Sorge um die Gesundheit von den meisten Stammgästen geteilt. Mehr als zwei Drittel gaben an, dass sie sich mindestens zweimal pro Woche körperlich betätigen. Der Sport stellt in dieser Hinsicht jedoch eher einen ausgleichenden Aspekt dar. Das Trainieren im Fitnessstudio ist die meist praktizierte körperliche Aktivität der Berghainer, gefolgt von Yoga und Pilates, Laufen und Radfahren. Auch Freeletics, Aquabike, Stretching und HIIT wurden erwähnt.

> »Ich esse gesund und bewege mich. Ich bin sehr dünn und nehme kaum zu. Früher bin ich zweimal pro Woche 10 Kilometer gelaufen. Nun hat das Tanzen im Berghain alles andere ersetzt. Ich mache auch einmal pro Woche Gewichtheben. Ich arbeite an meinem Rücken, den Bauchmuskeln und dem Oberkörper.« (P., Deutschland)

Die körperliche Aktivität, die den Körper formt und auf die Party vorbereitet oder ihm hilft, sich von der Party zu erholen, ist eng mit der Techno-Szene verbunden. Diese Mechanismen der Selbstkontrolle manifestieren sich nicht nur durch diese regelmäßige körperliche Aktivität, sondern auch durch eine bewusste Ernährung. Zwei Drittel der Befragten scheinen sich überwiegend vegetarisch, bzw. pesco-vegetarisch oder flexitarisch zu ernähren. In Berlin, der Yoga-Hauptstadt und Welthauptstadt der Vegetarier und Veganer, ist dies kaum verwunderlich. Wellness und Gesundheit haben in den letzten zwanzig Jahren überall an Bedeutung gewonnen und sind in Berlin zu einem wichtigen Wirtschaftsfaktor geworden. Die innerhalb und außerhalb des Clubs beobachteten Körpergewohnheiten gehören sicherlich zum allgemeinen Kontext einer zunehmenden Pflege und Selbstdisziplin seines eigenen Körpers, die im Berghain-Umfeld besonders häufig zu finden ist.

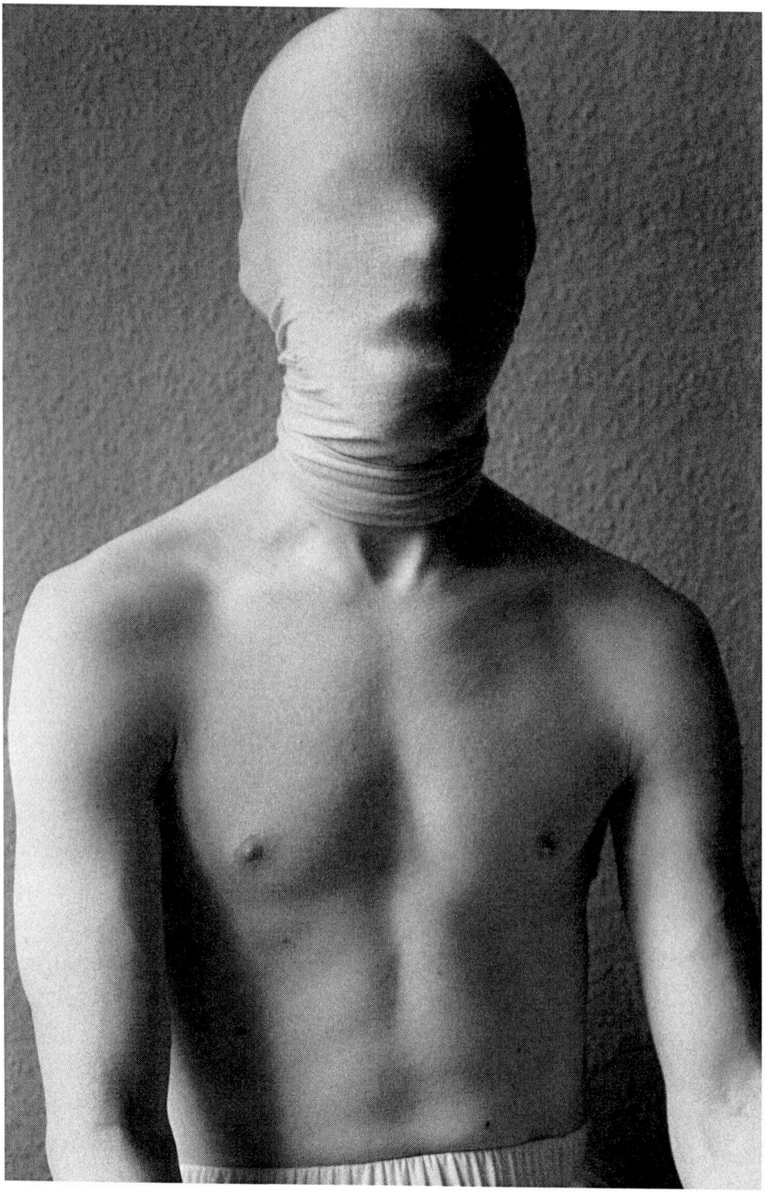

III Die Tanzfläche entgendern

Die Kategorien des Weiblichen und des Männlichen sind keine unveränderlichen Konstanten. Judith Butler betont in *Gender Trouble*[99], dass die Genderrollen, d. h. das soziale Geschlecht und die damit assoziierten geschlechtsspezifischen Verhaltensmuster im Gegensatz zum biologischen Geschlecht soziokulturelle Konstrukte sind. Der Begriff »queer«, der etymologisch vom deutschen »quer« abstammt und »abweichend« bedeutet, wurde von der LGBT+-Gemeinschaft verwendet, um sich die an sie gerichtete Beleidigung positiv anzueignen. Der queere Ansatz zielt darauf ab, sich von den dominanten Codes von Weiblichkeit und Männlichkeit zu lösen. Der Ausdruck »Queer-Theorie« scheint nicht treffend zu sein, denn Queer ist eher eine Geisteshaltung, die binäre und vereinfachende Klassifikationen in Frage stellt und flüssige und dynamische Reflexionen über das Geschlecht im Hinblick auf die Interaktion gegenüber starren theoretischen Modellen bevorzugt. Judith Butler entwickelt den Begriff der Gender-Performativität als ein (sprachliches) Tun, als Akt des *Doing Gender*, wodurch das soziale Geschlecht keinen ontologischen Status hat, sondern sich aus performativen Inszenierungen ergibt (Butler, 1991, S. 79). Die Verwendung des Genders als Analysekategorie ermöglicht es uns, das Techno-Publikum in einem weiteren Licht zu analysieren. Welche Art von genderspezifischer Landschaft findet man in der *Klubnacht* des Berghains vor? Wie konstruieren sich die sozialen Geschlechter und wie interagieren sie? Inwieweit ist das Berghain ein Raum für Gender-Twisting, für die Störung oder gar Dekonstruktion der klassischen Geschlechterrollen? Machen die dort praktizierten Mechanismen des Entgenderns

99 Butler, Judith (2006), Gender trouble, Routledge.

(»Degendering«) und des A-Genderings das Berghain wirklich zu einem queeren Raum?

Die Geschichte der LGBT+-Gemeinschaft ist oft die Geschichte ihrer sozialen Ausgrenzung gewesen. In der BRD wurde Sex zwischen Männern 1969 zwar entkriminalisiert, aber erst 1994 wurde der 123 Jahre alte homophobe § 175 des Strafgesetzbuches aufgehoben[100]. Im Dritten Reich wurden nach diesem Artikel Zehntausende Homosexuelle in Zwangsarbeit oder Konzentrationslager geschickt. Nach dem Ende des Krieges hörte die Diskriminierung der schwulen Gemeinschaft aber nicht auf, so dass in den 1950er und 1960er Jahren weiterhin Tausende von Homosexuellen von den westdeutschen Gerichten vorgeladen wurden. Ein Gesetzentwurf zur Rehabilitierung und Entschädigung von bis in die 1970er Jahre in der BRD verurteilten Homosexuellen wurde erst 2016 von SPD-Justizminister Heiko Maas eingereicht. Obwohl mittlerweile alle Formen der Diskriminierung unter Strafe gestellt sind, wird das Gefühl einer vorigen Ausgrenzung aufgrund der sexuellen Orientierung von Mitgliedern der LGBT+-Community des Berghains oft angesprochen. Viele Stammgäste haben das Gefühl, dass sie in ihrer Heimatstadt oder in ihrem Land wegen ihrer sexuellen Orientierung diskriminiert wurden:

> »Homosexualität wird in Syrien nicht akzeptiert, sie geschieht im Verborgenen.« (R., Syrien).
> »In der Ukraine dachte ich, dass ich mich geirrt habe.« (T., Ukraine)
> »Ja, als ich in Guyana war, als ich noch sehr jung in der Schule war, fühlte ich mich nicht männlich, in der Schule waren es vor allem Bemerkungen, Beleidigungen, Drohungen. Als ich die Gelegenheit hatte, Französisch-Guayana für das französische Mutterland zu verlassen, sah ich schon den Unterschied. Aber als ich nach Französisch-Guayana zurückkam, um mein Jurastudium zu beginnen, war ich oft wütend, verärgert. Vorher war mir das nicht klar. Ich dachte, Frankreich sei aufgeschlossen, aber Berlin steht immer noch darüber.« (X., Frankreich)

100 Der § 175 lautete: »Widernatürliche Unzucht, welche zwischen Personen männlichen Geschlechts oder von Menschen mit Tieren begangen wird, ist mit Gefängnis zu bestrafen; auch kann auf Verlust der bürgerlichen Ehrenrechte erkannt werden.«

Auch in Berlin, einer Stadt, die als LGBT+-freundlich bekannt ist, bezeugen einige Stammgäste, dass sie auf dem Weg zur Party Opfer von homophoben Feindseligkeiten geworden sind, wie E. (Drag Queen aus der Schweiz, vor dem Suicide Circus verbal angegriffen) oder E. (Brasilien): »Ja, auf dem Weg zum Berghain passiert es oft, dass ich in meinem Outfit mit schmutzigen Blicken oder verbalen Beschimpfungen konfrontiert werde.« Das Gefühl der Ausgrenzung wird jedoch nicht nur von Mitgliedern der LGBT+-Gemeinschaft empfunden. Es betrifft auch Transgender, Lesben, heterosexuelle Frauen, die von sexistischen Übergriffen betroffen sind und Menschen, die durch ihr Aussehen an den Rand gedrängt werden. Das Berliner Umfeld, in dem von der Norm abweichendes Verhalten und Äußeres im Allgemeinen weitgehend akzeptiert werden, scheint dieses Gefühl der Ausgrenzung größtenteils zu entfernen. Für dieses Publikum sind die Technoszene und insbesondere das Berghain weiterhin das, was Diskotheken in den Vereinigten Staaten in den frühen 1970er Jahren für die geschlechtsspezifischen und ethnischen Minderheiten waren: *Safe Spaces*, sichere Räume der Freiheit. Nach den Stonewall-Unruhen im Juni 1969, denen der Berghain-Flyer für Juni 2019 Tribut zollt, in einer kulturell von einer weißen, heteronormativen Mehrheit dominierten Ära, wurden die Diskos der Siebziger in Chicago und New York zu Zufluchtsorten für Schwule, Afro- und Lateinamerikaner. Die Geschichte von Disco, wie darauffolgend auch die von House und Techno in den Vereinigten Staaten, ist eng mit der Geschichte marginalisierter Gemeinschaften verbunden, darunter Schwule und Lesben, Transgender und ethnische Minderheiten (L.M. Garcia, 2015)[101]. Das Berghain setzt wie andere Berliner Techno-Clubs diese Tradition fort, indem es einen Schutzraum darstellt, in dem keine Form der Diskriminierung gegenüber sexuellen oder anderen Minderheiten geduldet wird.

> »Einmal wurde ich von Heteros, die aus einem Club kamen, überfallen. Es war in der Warschauer Straße. Ich habe vor dem Suicide Circus auf jemanden gewartet und habe Ärger gekriegt. Im Klub habe ich nie Proble-

101 L. M. Garcia (2014), »An alternate history of sexuality in club culture,« in Resident Advisor, 2014.

> me oder Angst gehabt. Hier habe ich ein Gefühl der absoluten Sicherheit. Ich habe noch nie von Gewalt gehört. Ich fühle mich hier immer sehr wohl. Selbst wenn ich mich als Frau verkleide, habe ich nie Angst davor gehabt, angegriffen zu werden oder so.« (E., Schweiz).

Der Begriff des »Safe Space« muss jedoch mit Bedacht verwendet werden. Einen vollkommen sicheren Raum für alle kann es per se nicht geben. Die Definition eines sicheren Raums und der entsprechenden Regeln, welche im ›Safe Space‹ herrschen, hängen vor allem vom Publikum innerhalb dieses Raumes ab. Auch wenn das Berghain größtenteils als sehr sicher empfunden wird, gaben ein paar Befragte an, sich nicht immer sicher gefühlt zu haben, manchmal sogar sexuell belästigt wurden. So werden z. B. Dark Rooms, die vorrangig von den Männern besucht werden, von diesen im Allgemeinen als sicher empfunden, von Frauen jedoch weitaus weniger. Ein Club kann zum Beispiel auf die Schwulen-Community einladend wirken; Lesben, Drag Queens oder Transgender fühlen sich deshalb aber nicht zwangsläufig ebenfalls wohl dort. Es gibt keinen sicheren Raum an sich, sondern nur für ein bestimmtes Publikum, das ihn als solches wahrnimmt (Kakaire 2019)[102]. »Auf der *Snax* Party fühle ich mich manchmal unwohl als Trans-Frau«, erklärt B., aus Griechenland. Von 1998 bis 2003 wurde der Club Ostgut durch die *Snax*-Party berühmt, die bis heute noch veranstaltet wird. Die *Snax* ist eine große hedonistische Party. Sie wird zweimal im Jahr, im November und zu Ostern, organisiert und ist ausschließlich Männern vorbehalten. Als riesiger sexueller Spielplatz für Erwachsene zieht sie ein schwules Publikum aus Berlin und der ganzen Welt an. Die *Snax* darf jedoch nicht auf die dort erlebten sexuellen Exzesse reduziert werden, sie repräsentiert vor allem, wie M. Garcia[103] schreibt, eine echte »queer affective community«. Im Jahr 2014 konvertierte das Berghain die Halle in ein Militärlager für die *Snax*. Bei dieser Gelegenheit wurden Zelte mit ver-

102 Christine Kakaire, A space to be yourself: The rise of safe space partie, in DJ MAG, 09.2019.

103 L.M. Garcia, in Dreams of Germany. Musical Imaginaries from the Concert Hall to the Dance Floor. Edited by Neil Gregor and Thomas Irvine. 320 pages, 14 illus., bibliog., index, S. 76.77.

schiedenen Funktionen (Feldlazarett, Feldbetten, Nachrichtendienst, Kantine) aufgestellt und Tarnnetze gespannt, die an ein Trainingslager erinnern sollten. Diese temporären Räume für das Ausleben sexueller Rollenspiele überführten die militärisch geprägten Männlichkeitscodes in etwas Neues. Sie spielen mit dem Fetischismus der Uniform, um die ästhetischen Kriterien der Lederszene und eine Homoerotik à la Tom of Finland zu vermitteln. Das hervorstechendste Körpermodell ist das eines männlichen und hypermuskulären Mannes, der in Leder oder Latex gekleidet ist und ein Halsband oder einen Harness trägt. Diese Fetischabende, die im Lab'Oratory, einem Maschinenraum mit niedriger Decke im Erdgeschoss des Berghains, organisiert werden, spielen eine verbindende Rolle für die schwule Gemeinschaft. Parallel zur *Klubnacht* ist die Teilnahme an diesen Veranstaltungen mit sexuell aufgeladenen Begriffen – *Leder, Gummi, Office Slut, Fausthaus, Yellow Facts, Naked Sunday, Athleten* – ein bindendes Moment für diese affektive Gemeinschaft, deren Umrisse L.M. Garcia nachzeichnet. Das Publikum der *Snax*-Partys setzt sich zum Teil aus den Stammgästen der *Klubnacht* zusammen und spielt eine stilprägende Rolle in Bezug auf die körperlichen Praktiken, z. B. das Outfit. Der Kleidungsstil des Stammpublikums ist beeinflusst von den Dresscodes der Lederszene, aber auch von der in den Bildern Norbert Biskys vermittelten Homoerotik, auf denen jugendliche, unbehaarte Sportler in eng anliegenden Shorts im Stil des sozialrealistischen Körperkults erscheinen.

Auf der gemeinsamen Ablehnung heteronormativer Werte ist die Identität des Clubs und damit auch des *Klubnacht*-Publikums aufgebaut worden. Da der Club dem Modell einer heteronormativen Gesellschaft widerspricht, weist er auch offene Anzeichen von stereotyper Weiblichkeit zurück. Das Tragen von hohen Absätzen bei Frauen mindert ihre Chancen, eingelassen zu werden. Schuhe mit hohen Absätzen sind zwar schon aus praktischen Gründen ganz ungeeignet für die langen, körperlich sehr anstrengenden Partys und erhöhen – aufgrund etwaiger Glasscherben, der überall vorhandenen Gittertreppen und ähnlichem – die Verletzungsgefahr beträchtlich. Aber auch einfach deshalb, weil sie weiblichen Archetypen entsprechen, die in dieses homonormative Partyumfeld nicht passen. Dasselbe gilt für als ein zu weiblich empfundenes Make-Up bzw. Accessoires

(Miniröcke, Lippenstift, Handtaschen), die als Zeichen einer klischeehaften Weiblichkeit gesehen werden. »Girls in high heels. I don't see it fitting to the club's vibe.« (G., Brasilien) Exponierte Weiblichkeit ist in den Berliner Clubs keine Garantie dafür, Einlass in die Clubs zu finden, wie dies in den meisten großen Metropolen der Fall wäre. Im Berghain gilt sie sogar als Hindernis für die Aufnahme in die Gemeinschaft. Ebenso haben bei Männern diejenigen, die zu heteronormativ erscheinen, d. h. die die Geschlechtercodes nicht genug verdrehen und durch ihren Habitus zu deutliche Anzeichen von Heteronormativität zeigen, weniger Chancen, Einlass in die Clubs zu finden. Diese Ablehnung der vorherrschenden Geschlechtermodelle spiegelt sich in der von den Türstehern getroffenen Auswahl des Publikums wider, dies wird scheinbar auch von den Stammkunden, seien sie schwul oder hetero, mitgetragen. Heterosexuelle Verhaltensmuster, die Teil des Prozesses der »männlichen Herrschaft« sind (Bourdieu 1998)[104], können in anderen Clubs oder auf Partys beobachtet werden, aber im Berghain werden sie besonders scharf verurteilt. Dazu gehören Hintern-Kneifen, aufdringliches Flirten, physisches Bedrängen, also ganz allgemein alle Spielarten von Sexismus.

Indem er sich auf die Arbeiten von Foucault und Wittig bezieht, definiert Paul Preciado Heterosexualität als eine »biopolitische Technologie, die darauf ausgerichtet ist, heterosexuelle Körper zu produzieren«. Die zur Zeit der *Klubnacht* beobachtbaren queeren Praktiken würden dann, um den Ausdruck von Deleuze-Guattari zu verwenden, zu dieser Arbeit der »Deterritorialisierung« der Heterosexualität, also des Körpers, führen, die – so Preciado – darauf abzielt, sich dem Prozess der »Normalisierung« zu widersetzen. Vor der Einführung des Plastikbändchens spielte der Stempel in dieser Hinsicht eine wichtige Rolle als Erkennungszeichen in der Gemeinschaft. Auf einem der historischen Stempel war die Inschrift »Faggot«, d. h. »Schwuchtel«, zu lesen, womit sich die Schwulengemeinschaft eine homophobe Beleidigung zu eigen machte, um sie zu einem Element des Stolzes und der Selbstbestätigung zu machen. Wie bei dem Wort »queer« kommt dies der Umkehrung eines Stigmas gleich. Der Begriff »Faggot«

---

104 Bourdieu, Pierre (1998), *La domination masculine*, Editions du Seuil; Bourdieu, Pierre, (2012), *Die männliche Herrschaft*, Suhrkamp Taschenbuch.

wird hier in positiver Weise neu-semantisiert. »Ich liebe diesen Stempel, er ist ein Zeichen des Stolzes«, sagt W. (Frankreich). Wir finden diese Strategie des Identitätskampfes z. B. auch innerhalb der Black Power-Bewegung der 1960er und 1970er Jahren, in der Aneignung des Begriffs »Nigger« durch die Afroamerikanische Gemeinde selbst. Dieser Stempel hatte somit eine doppelte Funktion. Zum einen stellte er eine Identitätsbestätigung für die LGBT+-Gemeinschaft durch semantische Umkehrung dar. Zum anderen erleichterte er den heterosexuellen Teilen des Berghain-Publikums, indem er ihre Normen störte, in die LGBT+-Gemeinschaft einbezogen zu werden und sie mit der dort herrschenden Geschlechtsidentität vertraut zu machen. Der »Faggot«-Stempel war ein visueller Hinweis auf diese Assimilierung. Das Wort wird zu einem »symbolischen Schlachtfeld«: man eignet es sich am Handgelenk an, um seine negative Bedeutung zu entschärfen. Es geht darum, den homophoben Diskurs eine neue Richtung zu geben, ihn in »kontradiskursive Strategien« für die Öffentlichkeit umzuwandeln (Lorenzi, 2017). Es ist daher sehr verständlich, dass die Entfernung des Stempels im Herbst 2019 eine starke Protestwelle in der Berghaingemeinschaft ausgelöst hat. Denn das Stammpublikum, ob schwul oder nicht, schien dieses Stigma für sich zu beanspruchen, um damit seine Nichtübereinstimmung mit den normativen Diskursen über Gender und Sexualität zu manifestieren. Wie Butler es ausdrückt: »The word that wounds becomes an instrument of resistance in the redeployment that destroys the prior territory of its operation«[105]. Denn das Berghain ist ein Zufluchtsort für die LGBT+-Gemeinschaft, aber auch für heterosexuelle Menschen, die sich in den dominanten Modellen von Weiblichkeit und Männlichkeit nicht wiederfinden. Die gemeinsame Abgrenzung gegen heteronormative Verhaltensweisen verbindet das LGBT+- und das heterosexuelle Publikum innerhalb der *Klubnacht* zu einer Gemeinschaft.

> »Everyone was very drunk. Women wore heels and short dresses while the men wore button shirts and shoes. People were there to hook up and not

105 Butler, Judith, Excitable Speech: A Politics of the Performative, Routledge, 1997, S. 163.

for the music. Sometimes you'd see a fight.« (B., Deutschland)
»Late 00s, techno/house nights in Dublin … Casual dress code, cool, straight, drugs, friendly, male-dominated.« (J., Irland)
»When I was 15 years old, main stream clubbing that mainly included getting wasted and girls to get dressed up with high heels, in the village I grew up in… People got wasted, boys aggressive and girls dramatic.« (S., Deutschland)
»Inside loads of professional dancers in underwear, dancing in cages, tables, on the bar. There were reserved tables with at least 2–3 bottles of alcohol, shishas and musicians with drums that you pay in cash to in order to have them come to your table. You could have ordered a song to the DJ for 10–20 Euros so he would say in front of the whole club »this song is for me from« … Almost every girl in a really tight dress, skirt, barely covering her ass, guys in S t-shirts, so they muscles are popping out.« (I., Bulgarien)

Die Berichte stimmen überein, hinsichtlich früherer Clubbing-Erfahrungen in ihrem Herkunftsland oder ihrer Stadt: Die Abkehr von diesen heteronormativen Modellen, von den Formen normalisierter Geschlechterverhältnisse scheint insofern die *Klubnacht*-Stammgäste zusammenzuschweißen.

Die *Klubnacht* als Schmelztiegel der Gender-Identitäten?

Die Frage nach der Genderkonstruktion zur Zeit der *Klubnacht* bedarf einer Vorbemerkung: Das Berghainer Publikum ist pluralistisch. Das Publikum bei der *Snax* stellt nur einen Teil der Stammgäste der *Klubnacht*; nur ein Fünftel der Befragten hatte schon daran teilgenommen. Aus methodischer Sicht haben wir als Stichproben eine möglichst große geschlechtliche und sexuelle Vielfalt bevorzugt, die für das Stammpublikum *der Klubnacht* repräsentativ ist. Wir haben bei der Erhebung darauf geachtet, das gesamte Spektrum des Akronyms LGBTQIA[106] abzudecken. Kommen wir nun zu den Stichproben. Hinsichtlich des biologischen Geschlechts: die Hälfte der Befragten waren Männer, die andere Frauen. Alle Befragten waren Cis-Gender bis auf eine Transgender-Frau[107]. Hinsichtlich des sozialen Geschlechts und der sexuellen Orientierung: Knapp die Hälfte der Befragten bezeichnete sich als heterosexuell. Die andere Hälfte stellte die LGBT+-Community dar, davon die große Mehrheit schwule Männer. Bisexuelle, aber auch pansexuelle und asexuelle Menschen fanden sich vereinzelt unter den Befragten. Auch tauchten in den Stichproben Selbstbezeichnungen wie Queer oder Nicht-Binäre Leute auf, die sich in dem Raster von biologischem Geschlecht und sozialen Geschlechterrollen nicht wiedererkennen. Zu beachten ist auch, dass die Vorlieben der Stammgäste in Bezug auf intime Beziehungen von einer erstaunlichen Vielfalt geprägt sind. Etwas weniger als die Hälfte der Befragten gab an, monogam zu sein, während 18 % angaben, in einer offenen Beziehung zu sein, 12 % waren polygam und 6 % polyamourös[108]. Dieser hohe Anteil an Beziehungsmustern, die vom dominanten monogamen Modell abweichen, unterstreicht, wie sehr das Berghain den Stammgästen die Möglichkeit bietet, von Archetypen und normativen Modellen abzuweichen und alternative Beziehungsmuster zu experimentieren.

Es ist sehr schwierig, den Anteil der Stammgäste, den die LGBT+-Gemeinschaft in Spitzenzeiten ausmacht, genau zu schätzen. Sehen wir aber diese Elemente nicht als ein Hindernis für die ethnographische Analyse, sondern eher als eine Einladung, die Feldforschung im Sinne von Offenheit und fließenden Interaktionen zwischen den Geschlechtern zu erfassen. Feldbeobachtungen, die mit den Eindrücken der Befragten abgeglichen wurden, führen dennoch zu einer ersten groben Schätzung. Während das Publikum am Samstagabend hauptsächlich aus heterosexuellen Men-

---

106 Die Abkürzung steht für lesbian, gay, bisexuell, transgender, queer, intersex, asexuell.

107 Das heißt das biologische Geschlecht entspricht bei ihnen dem gesellschaftlich zugewiesenen Geschlecht

108 »How do you'd define your relationship preferences?« Monogamous 47 %, Polygamous 12 %, Polyamorous 6 %, Open relationship 18 %, Other 18 %.

schen besteht (etwa 60 %) und das schwule Publikum in der Minderheit zu sein scheint, kehrt sich der Anteil am Sonntagabend zugunsten des LGBT+-Publikums um, wobei es allerdings je nach Abend und programmierten DJs variiert: Ein Closing mit Boris, einem historischem Resident-DJ vom Berghain aus der Ostgut-Generation[109], zieht zum Beispiel mehrheitlich die schwule Community an. »Ich würde sagen, dass es am Samstagabend 25 bis 30 % Schwule gibt, dann erreicht der Anteil von Schwulen am Sonntagabend die Hälfte, würde ich sagen. Das ist mein Eindruck. »(A., Deutschland) Es scheint, dass die Einführung einer Gebühr von 5 Euro bei Wiedereinlass im Herbst 2019 diese genderbezogene Aufteilung des Publikums zwischen Samstag und Sonntag weiter verstärkt hat, wobei das Samstagabend-Publikum überwiegend heterosexuell ist und sich das Sonntags-Stammpublikum im Laufe des Wochenendes vom touristischen Publikum entmischt.

Aus der Gender-Perspektive betrachtet, scheinen auch einige Räume des Berghains stärker kodifiziert zu sein als andere. Zu Spitzenzeiten gibt es eine leichte geschlechtsspezifische Aufteilung der Tanzfläche. So wird der Raum auf der rechten Seite der Tanzfläche meist von einem heterosexuellen Publikum frequentiert, während die linke Seite der Tanzfläche, unter und vor der Treppe zur Panorama-Bar, meist von einem schwulen Publikum frequentiert wird. Die Nähe der Dark Rooms, eines Raums im Berghain der für intime Begegnungen prädestiniert ist, kann als Erklärungsfaktor angesehen werden. Dieser und andere intime Räume werden hauptsächlich – aber nicht ausschließlich – von der schwulen Community aufgesucht. Innerhalb dieser Öffentlichkeit lassen sich mehrere schwule subkulturelle Gruppen unterscheiden (Hennen, 2008)[110]. P. Hennen konzentriert sich auf drei schwule Subkulturen, welche die schwule Mainstream-Kultur herausfordern und das Männliche auf ihre eigene Weise queerisieren, mit anderen Worten: verdrehen. In der schwulen Subkultur der »Bären« zeigen Schwule gerne ihre Körperbehaarung, ihren Bart und ihre Beleibtheit, um die Karte der Normalität auszuspielen, während »Ledermänner«, von der

109 Siehe https://www.ostgut.berlin/de/booking/artists/boris/

110 Hennen, Peter (2008), Faeries, Bears, and Leathermen: Men in Community Queering the masculine, University of Chicago Press.

Kultur der hypermaskulinen Biker inspiriert, unbehaarte und muskulöse Körper zeigen. Durch die Verwendung von Fetisch-Accessoires (Harness, Choker) spielen sie die Karte der Hypervirilität aus, aber untergraben sie von innen. Dagegen spielen dünne, unbehaarte Jugendliche, die »Twinks« (Hennen, 2005) oder Faeries den femininen Part, indem sie Accessoires, Make-up, Pailletten, Ballkleider oder Drag-Schmuck verwenden. Dies sind drei subkulturelle Gruppen der schwulen Gemeinschaft, die laut Hennen den Einfluss des Stigmas der Effemination auf schwule Subkulturen unterstreichen, die in ihrem spezifischen Verhältnis zur Verweiblichung die hegemoniale Männlichkeit gleichzeitig unterminieren und verstärken. Diese Unterteilung scheint dem Publikum des Berghains bewusst, aber dieses Zusammenleben der verschiedenen subkulturellen Gruppierungen scheint nicht unbedingt gleichbedeutend mit einer Verschmelzung zu sein, sondern eher mit einer Art Nebeneinanderher- Existenz, teilweise motiviert durch sexuelle Präferenzen und Affinitäten, wie diese Aussage von M. (England) nahelegt: »Wenn ich als Drag Queen ins Berghain gehe, werde ich von dünnen und feinen Männern angemacht. Die Bären und die Männer in Leder haben absolut kein Interesse an mir. Nicht ein Blick. Als wäre ich halt transparent.« Denn Tanzräume sind auch Räume der Verführung und der sexuellen Präferenzen. Sexualfelder sind als Felder im Sinne Bourdieus, d. h. als »ein Gewebe von Beziehungen mit einer eigenen Logik« und im weiteren Sinne als eine »Struktur des Begehrens« zu verstehen (Meunier, 2014[III]). Diese beruht auf einem Prozess der Aggregation, bei dem jede Sub-Gemeinschaft somit ihre eigenen »spezifischen Begehrenskriterien« und Hierarchien hat. »Ich tanze nicht gerne hinten links oder auf dem Podium, auch wenn die Atmosphäre heiß ist. Meine Chancen, dort jemanden aufzuschnappen, sind eher klein.« (L., Italien). Während sich Bären- und Lederszene eher auf der linken Seite des Berghains konzentrieren, sind die Queer/Geschlechtsfluiden/Nicht-Binären/Lesben eher im so genannten »Front Left« Bereich zu finden, unter den sog. »Freaks«, denjenigen wel-

III Meunier, Etienne (2014), No guys with attitude. Sociabilité et hiérarchie sexuelle dans une sex party gay de New York, No Guys with Attitude. Sexual Sociability and Hierarchy in a NYC Private Gay Sex Party, in Genre, Sexualités et Sociétés.

che einen extravaganteren Kleidungs- oder Tanzstil zur Schau stellen. Die Panorama-Bar gibt diese geschlechtsspezifische Aufteilung des Publikums interessanterweise auch wieder, insofern als sich das schwule Publikum tendenziell auf der linken Seite des Raumes, dem DJ zugewandt, konzentriert. Diese geschlechtsspezifische Aufteilung der Tanzfläche sollte jedoch auf keinen Fall als Ausdruck von festgelegten Regeln angesehen werden. Es gibt keine »reservierten« Plätze. Tanzflächen sind vor allem Räume, die von allen Seiten her überquert werden und in denen verschiedene, manchmal genderbedingte Gruppen zusammenkommen, sich vor allem aber vermischen und interagieren.

Die Tanzfläche als erogene Zone

Das Imaginäre, das mit dem Berghain assoziiert wird, trägt dazu bei, den Platz der Sexualität im Club zu überschätzen und zu mythisieren. Die *Klubnacht* ist zwar sexualisiert, aber nicht im selben Maße wie die *Kitkat*-Partys, *Cocktail d'Amore*, *Pornceptual* und *Snax*. Das Publikum kommt vor allem wegen der Musik. Unter den Motivationen, die von den Stammgästen angegeben werden, steht Sexualität nur an fünfter Stelle. Die *Klubnacht* ist nicht nur ein Raum für eine freie Sexualität, sie ist ein Ort zum Flirten, zum Verführen und Begehren, aber auch ein Ort der Liebesbegegnungen. Wenn das Berghain auch ein Raum des sexuellen Konsums ist, dann deshalb, weil die Architektur des Clubs, seine Inszenierungsmittel, sein Nebeneinander von Orten des Sehens und Gesehenwerdens die Erotisierung von Körpern ermöglichen. Die Präsenz von Zwischenräumen (Dark Rooms, Nischen z. B.), die sowohl privat als auch öffentlich sind, intim wie auch betretbar und den Blicken ausgesetzt, begünstigt die Zurschaustellung der Körper. Das raffinierte Spiel von Licht und Schatten verschönert die Körper und trägt zur Erotisierung des Leibes bei, die auch die Form einer sexuellen Objektivierung annehmen kann: »I feel way more sexual at Berghain.« (D., Niederlande) »I as a man feel objectified. My body is the point of interest.« (B., Deutschland). Der Raum ist sowohl spektakulär als auch immersiv, d.h. man ist sowohl Zuschauer als auch Akteur eines gleichen Spektakels, ein Raum, in dem alle Sinne geweckt werden[112], in erster Linie das Hören, aber auch das Sehen, Tasten und Riechen. Da die Dezibel den Gebrauch der Sprache einschränken, entsteht die Verführungskraft aus dem Körper und der Iris im Auge, das, wie Simmel in seiner *Soziologie der Sinne* (1907) anmerkt, eine »soziologische Funktion« erfüllt: Der Blick schafft die Verbindung und sucht die Gegenseitigkeit. Es enthält das Versprechen einer Begegnung. Das Auge kann sich auch mit dem voyeuristischen Vergnügen abfinden, so wie bei F., die sich als asexuell bezeichnet: »I have never watched much porn nor had a mirror ceiling so its interesting to see how it all works. It‘s natural and inspiring.« Die eliasianische Analyse, die sich von der Nacktheit im Club anstellen lässt, lässt sich auch auf das Feld der Sexualität übertragen: Die Enthemmung der Sexualität im Clubraum findet nur statt, weil sie auf einer starken Kontrolle der Affekte und einem hohen Maß an Selbstdisziplin beruht. Die Verurteilungslosigkeit im Blick des Anderen, die respektvolle Distanz zwischen den Körpern, die Höflichkeitskonventionen und die Selbstdisziplin des Publikums im Allgemeinen schaffen einen Rahmen, der die sexuelle Enthemmung erlaubt. Wie T. (Ukraine) erklärt: »The pervs are so polite though, so let them have their fun!« Diese Befreiung der Sexualitäten im Partyumfeld erklärt sich durch eine relative Normalisierung der alternativen Sexualitäts- und Beziehungsmuster in Berlin. Zwei Drittel der Befragten sehen die *Klubnacht* als ein Feld für sexuelle Erkundungen. Über die Hälfte der Stammgäste berichtete, dass sie während der *Klubnacht* mehrere sexuelle Erlebnisse hatten[113]. Während sexuelle Beziehungen meistens nur mit einem Partner stattfinden, erwähnen jedoch mehrere Stammgäste, dass sie schon an einem *Klubnacht*-Abend mit mehreren Partnern sexuelle Erlebnisse hatten, in einzelnen Fällen sogar bis zu zehn, wie bei N. (Südafrika): »It happened in the Darkroom – more than 10, I would say, but it was over

112 Auf die Frage »Which of your five senses is most active at Berghain?« antworteten die Befragten: 1. Hearing, 2. Sight, 3. Touch, 4. Smell, 5. Taste.

113 Auf die Frage »How many times have you had sex in Berghain?« antworteten die Stammgäste: Never 29,4 %, A few times 53 %, once 6 %, often 12 %.

Sylvester like for 3 days.« Die präventive Einnahme von PrEP[114], die sich in den letzten Jahren in der schwulen Partyszene verbreitet hat, scheint diese Praxis der sexuellen Poly-Partnerschaft zu fördern. Es scheint, dass die freie Liebe in der Berliner schwulen Partyszene einen Einfluss auf die sexuellen Praktiken des gesamten Stammpublikums hat. Ein Drittel der Stammgäste verdanken dem Berghain ihre sexuelle Enthemmung. Drei Frauen berichteten, dass sie im Berghain die Liebe mit zwei Partnern gleichzeitig experimentiert haben, wie D. (Schweiz) oder D. (Niederlande): »During my first threesome, I liked that there were many people around and I felt very sexual. Normally, I'm not relaxed when being watched.« Aus der Erhebung kommt hervor, dass das Berghain sich als Experimentierfeld neuer Sexualitäts- und Beziehungsmuster entfaltet. Zum ersten Mal: Sex in der Öffentlichkeit, Sex mit Fremden, erste SM-Erfahrungen, Sex mit mehreren Partnern, Entdeckung einer unvermuteten Bisexualität (»I can be open to gay sexual relation now which is something I've never thought seriously about in the past.« (M., hetero, Italien) oder sogar, wie P. (Frankreich), das Lernen einer Polysexualität: »Als Frau fühlte ich mich von Männern angezogen. In Berlin bin ich inzwischen bi geworden. Das ist mein Ding, jetzt im Berghain mit Schwulen Sex zu haben, die noch keine Frau berührt haben. Ich entjungfere sie. (lachen) Ganz hinten im Berghain wurde ich gleichzeitig von mehreren schwulen Partyfreunden geschnappt. Nach dem Closing gehen wir noch auf eine After-Party zu Hause und veranstalten kleine Orgien. Ich würde jetzt sagen, dass ich jetzt pansexuell bin.« Dieses Experimentieren unterstreicht die Subversion von traditionellen Sexualitätsmustern – mit »Entjungferung« wird hier gemeint eine Umkehrung der Geschlechterrollen, eine Abweichung von der ursprünglichen sexuellen Orientierung. Dies belegt die Hypothese, dass die Grenzen zwischen dem Stammpublikum der *Klubnacht* und dem der sexpositiven Partys sehr porös sind. Knapp zwei Drittel der Befragten, die die *Klubnacht* besuchen, sind auch gelegentliche oder sogar regelmäßige Besucher der Partys *Cocktail d'Amore, Trashera, House of Red Doors, Pornceptual, Buttons* (damals *Homopatik*), *Gegen, Herrensauna*

114 Prä-Expositions-Prophylaxe, ein Medikament, das zur Prävention vor dem Geschlechtsverkehr eingenommen wird, um eine HIV-Infektion zu vermeiden.

oder *Same Bitches*. Diese Porosität des Publikums unterstreicht die Rolle der Sexualität in der Berghain-Szene als Feld der Möglichkeiten.

Die präskriptive Rolle der Gay-Community

Die Anwesenheit eines personenstarken heterosexuellen Publikums kann in bestimmten Teilen der Berghain-Gemeinschaft als unerwünscht angesehen werden. In der Erhebung lässt sich ein immer wiederkehrender Diskurs unter den Stammgästen beobachten, der die Notwendigkeit betont, der geschlechtsspezifischen Inklusion deutliche Grenzen zu setzen. Für J., eine Hetera aus Irland, wäre ein zu großer Anteil an heterosexuellen Frauen der Atmosphäre der Party abträglich. Die Assimilation erzeugt Mechanismen der Differenzierung gegenüber Verhaltensweisen, die diese Berghainerin als die ihres sozialen Geschlechts identifiziert: «I'm taking a Berghain detox now because last time I went, there were way too many straight women who tend to shove other women out of the way and I found it depressing to be part of the straight white female invasion. The atmosphere wasn't great. Yes, it can be more stressful for women when the party is very straight.« (B., Frankreich). Das Sicherheitsgefühl, das die Stammkunden empfinden, bestimmt also ihr Freiheitsgefühl innerhalb des Clubs. Die Frauen fühlen sich am Samstagabend durch die Anwesenheit von Touristen mit potenziell heterosexuellem Verhalten eher gehemmt, beispielsweise mehr beobachtet oder sogar aufdringlich angemacht, wenn sie z. B. topless tanzen, und gehen deshalb lieber sonntags ins Berghain, wie H. (Korea): »It affects me a lot because especially when I go there on Saturday, I don't feel that it's my party. I don't know, it's just I don't feel comfortable.« A. (Deutschland) tanzt gern allein vor den Dark Rooms, zum einen, weil sie Platz zum Tanzen braucht, aber auch, weil sie sich in einem Raum, der von der schwulen Gemeinschaft besucht wird, mehr respektiert und sicher fühlt. Aus dieser Studie ergibt sich, dass heterosexuelle Frauen sich in einem homonormierten Raum insgesamt wohler zu fühlen scheinen: »I love it, I feel way more secure around queers. And because they have managed to find out who they actually are the atmosphere is way more chilled and open. Straight guys have way too often big egos, which could affect a party in a negative way.« (J., Irland) Das schwule Publikum, das zu Spitzenzeiten in der Regel besonders präsent oder in der Mehrheit ist, spielt daher eine präskriptive Rolle in Bezug auf körperliche Praktiken. Je mehr es vorhanden ist, desto mehr Nacktheit wird z. B. praktiziert. In diesem Zusammenhang erinnert sich B. (USA), dass er mit einigen schwulen Freunden die Initiative ergriffen hatte, über Facebook ein Happening im Berghain zu organisieren. Zu Spitzenzeiten stürmten nackte Tänzer die Tanzfläche. Dutzende von Berghainis folgten dem Aufruf und B. stellte fest, dass bei dieser Gelegenheit das Publikum, darunter auch Frauen und heterosexuelle Männer, nackter war als je zuvor. Unabhängig vom Geschlecht sagten zwei Drittel der Befragten aus, eine Mehrheit von Schwulen zu Spitzenzeiten sei die Garantie für eine erfolgreiche Party. Eine starke Präsenz der schwulen Gemeinschaft bestärkt das Gefühl von Sicherheit und Freiheit. Wie S. (Ukraine) sagt: »Queers make it free and show how diverse human life and behaviours can be.« Aber eine Präsenz der schwulen Gemeinschaft reicht auch nicht aus, um die *Klubnacht* in eine queere Party zu verwandeln. Wie M-A. (queer, aus Südafrika) betont, kann eine ausschließlich schwule Party aber auch ihre Attraktivität verlieren: »I think there is a slight difference between clubbing with a mixed crowd and clubbing with a 100 % gay crowd which I find sometimes less appealing…« Eine schwule Mehrheit, ein möglichst breites Spektrum der LGBT+-Community und eine queer-freundliche, heterosexuelle Minderheit: das ist es, was die *Klubnacht*-Partys so attraktiv macht. Wenn die LGBT+-Gemeinschaft den Ton für die Party angibt, dann deshalb, weil die Performativität der Gender, die auf der Inszenierung von Körpern und der Kunst der Kleidung, Masken- und Crossdressing-Kunst beruht, vor allem von der schwulen und queeren Herkunftsgemeinde inszeniert wird: »Party outfits are also a part of the fun of clubbing, and some of the gay guys in Berlin wear really witty outfits, which I love.« (J., Irland) Mehrere Aussagen deuten darauf hin, dass der Anteil der LGBT+-Leute zu Spitzenzeiten der *Klubnacht* in den letzten Jahren leicht zurückgegangen ist. »Ich würde sagen, dass dieser Anteil in letzter Zeit etwas gesunken ist. Ich würde sagen, er liegt mindestens bei 50 %. Es ist nicht wie am Samstag, an dem es eine

Mehrheit von Touristen gibt. Die Schwulen kommen am Sonntag an.« (P., Deutschland) Dieser leichte Rückgang der LGBT+-Menschen unter den Stammkunden wirkt sich auf die Körperpraktiken aus und führt zu einer Form impliziter Ablehnung bei einigen Stammkunden. »Berghain used to be gay. I am not sure anymore. Now it feels a bit too heteronormative for my taste.« (D., Brasilien). Dieser leichte Rückgang lässt sich durch zwei Faktoren erklären: erstens, die zunehmende Präsenz eines heterosexuellen Publikums, welches hier als Schreckgespenst in Erscheinung tritt (gemeint ist nicht die Anwesenheit von Heterosexuellen an sich, sondern die Anwesenheit eines heterosexuellen Mehrheitspublikums). Zweitens, die steigende Anzahl an schwulen und queeren Partys in Berlin insgesamt (*Herrensauna, Pornceptual, Same Bitches, Cocktail d'Amore, Homopatik/Buttons, Trashera* usw.). Berliner Partys, die sich selbst als queer und sexpositiv, d. h. tolerant und positiv gegenüber allen Geschlechtsidentitäten und Spielarten der Sexualität darstellen, solange diese auf gegenseitigem Einverständnis beruhen, gewinnen seit Jahren an Popularität. Diese wahrnehmbare Veränderung im Publikum zu Spitzenzeiten scheint negative Auswirkungen auf die Atmosphäre zu haben, wie der Aussage von A., einer jungen Hetera aus Bayern, zu entnehmen ist:

> »Ich habe eine Veränderung bemerkt. Es gibt immer mehr junge Menschen, die sich für die Welt halten. Früher gab es mehr Schwule und mehr Sex in der Öffentlichkeit. Es war viel freier. Das ist mein Eindruck. Es war ganz normal, dass ein Mann sich auf der Tanzfläche fisten oder sich beim Closing einen runterholen ließ. Ich habe mich schon mit Jungs unterhalten, die Sex hatten, während sie mit mir sprachen. Easy going. Jetzt ziehe ich nicht gerne mein Oberteil aus und tanze auch nicht so gerne ohne, denn das Publikum hat sich verändert. Ich finde, dass das Berghain so bekannt geworden ist, dass es viel mehr Leute gibt, die sich wie Geier benehmen. Vorher war das nicht der Fall.«

Hier stoßen wir auf die Grenzen der Einbeziehung in einem überwiegend homonormierten Raum. Durch zu viel Gender-Inklusion läuft die *Klubnacht* Gefahr, sich von ihrem Stammpublikum abzuschneiden. Zu viel

Ausgrenzung birgt aber auch in sich das Risiko der sozialen Abkapselung und des Unter-Sich-bleibens. Die geschlechtsspezifische Inklusion, die zur Atmosphäre der *Klubnacht*-Partys beiträgt, ist daher untrennbar mit einer Form der relativen Ausgrenzung verbunden, die für das Überleben des Stammpublikums und die Wahrung der Identität und Authentizität des Clubs notwendig ist.

Von der Gender-Vermischung zur Gender-Verwischung

Das Berghain arbeitet daran, das Publikum aus der Binarität von männlich und weiblich zu befreien. Die Benutzung von Unisex-Toiletten zeigt den Willen, die Geschlechtergrenzen zu verwischen, ein Verwischungsprozess, der vom Publikum selbst gefordert wird. »I like the expression ›gender is gone‹. I love feminine and masculine parts about me. Also neutral one. Just living a human experience.« (T., Ukraine) Geschlechtsspezifische Barrieren sind nicht so leicht zu identifizieren, wie man glauben könnte. Im Club gibt es viele Gruppen, sogenannte »Gender Benders«, welche die hetero- sowie die homonormierten Gemeinschaften gleichermaßen in Frage stellen: Drag Queens und Dragkings, Queers und Nicht-Binäre, Androgyne, aber auch Heteros und Heteras und Menschen, welche die Geschlechtergrenzen verwischen. Unter den letzteren kommt das Spielen mit der Identität in der Praxis des sich Aneignens von äußeren Genderattributen zum Ausdruck. So vernebeln manche heterosexuellen Männer ihre sexuelle Präferenzen, indem sie die Karte einer anderen Gender-Identität ausspielen: Sie performen eine Identität, z. B. durch die Aneignung von Fetisch-Accessoires aus der schwulen Community (Choker, Harness) zum Zweck der Teilnahme am sozialen Miteinander. Dieses Verhalten, das Erwin Goffman als »unwahre Darstellung« des Selbst bezeichnet, scheint hier zwei Ziele zu verfolgen. Einerseits fördert es die Einbeziehung in eine homonormierte Gemeinschaft. Andererseits erleichtert es die Interaktionen zwischen Hetero-Männern und Frauen, um auf der Grundlage unwahrer Signale ein Vertrauensverhältnis zum Zwecke der Verführung aufzubauen. Die performative Vortäuschung einer neuen Geschlechteridentität optimiert hier die Ansprache- und Annäherungstechniken. Parallelen lassen sich hier zwischen dieser »unwahren Darstellung« des Selbst und der Balz der Laubenvögel erkennen, bei der das Männchen die schönste Laube erbaut und schmückt, um das Weibchen anzulocken. Mit Hilfe von erzwungener Perspektive erscheint diese Laube in den Augen des Weibchens größer, als sie in Wirklichkeit ist: eine optische Täuschung. Diese Konstruktionsmechanismen einer gefälschten, vorgespielten Genderidentität spielen mit den Genderrollen und tragen zur Verwischung der Spuren bei. Sie gehören zu jenen Phasen der »Fiktionen des A-Gendering-Prozesses« (B. Andrieu, 2019), die während der *Klubnacht* beobachtet werden können:

1. Die Störung des eigenen Genderhabitus: Für das heterosexuelle Berghain-Publikum ist die Störung des eigenen Habitus die Voraussetzung für eine Einbeziehung in die Gemeinschaft der Stammgäste. Jeder ausländische Besucher erlebt zum ersten Mal diese Form der Überraschung, eine initiatorische Störung angesichts der anderen Normen und Praktiken, die den Ort beherrschen.
2. Eine »Desexualisierung«, die aus der Verweigerung der Zuordnung zu einem bestimmten sozialen Geschlecht entsteht: das Berghain bleibt ein Raum für die Inszenierungen und die Sexualisierung von Körpern. Als Reaktion darauf, Situationen zu verhindern, die einem Teil des Publikums zu aufdringlich erscheinen könnten, finden Formen der Desexualisierung statt.

P. (Finnland), die sich selbst als asexuell definiert, lehnt es ab, objektiviert zu werden und entwickelt deshalb geschlechtsspezifische Tarnfähigkeiten:

> »Ich bin grundsätzlich asexuell. Ich habe kein Interesse an der sexuellen Sache. Da ich trotz allem hübsch bin, betrachten mich einige Leute trotz meiner selbst als Sexualobjekt, und ich wurde schon mehrmals angeflirtet, obwohl ich nicht deswegen da bin. Deshalb muss ich mich anstrengen, um nicht wie eine Frau auszusehen. Also trage ich große weite Kleidung, XL-Trikots, superweite Joggings, um mich zu entspannen, auch wenn es nicht immer funktioniert.«

3. Das Entgendern – der Prozess der Übernahme von Körpertechniken, die im Gegensatz zu den sozialen Geschlechtszuweisungen stehen. Dieser Prozess, welcher das Abweichen von vorgeschriebenen Geschlechterrollen zum Ziel hat, erfolgt oft durch Kostüm, Make-up und Schmuck. Er verwandelt das Subjekt in ein hybrides Wesen, das Attribute sowohl von Weiblichkeit (z. B. Hochzeitskleid) als auch von Männlichkeit (z. B. Bart oder Schnurrbart) verbindet. »Our gender was confused many times at Berghain. Happy to provide!«, sagt T. (Ukraine). Dieser Prozess des »Gender Bending«, i.e. der Verdrehung des sozialen Geschlechts, ist auch bei W. (Frankreich) zu finden:

> »Ich würde sagen, dass ich gerne zwischen den Geschlechtern hin und her wechseln mag. Früher habe ich es zuerst Schwarz getragen, jetzt hat sich das sehr geändert. Ich gehe normalerweise im Hemd. Jetzt weiße Hose, weißes Hemd, weißes Spitzenhemd. Ich habe auch Halsketten und weibliche Ohrringe. Wenn ich das weiße Outfit habe, spiele ich gerne. Ich gebe falsche Namen aus, wie z. B., dass ich Kate heiße.«

Im Berghain tanzen Männer nicht nur in Shorts, sondern auch in Abendkleidern, Miniröcken oder Tutus. Dem Karneval ähnlich, nimmt die *Klubnacht* mittels kreativer Inszenierung von Kostümen an diesem temporären Rollentausch, an der ästhetischen Abweichung von der Gender-Kodierung teil. Auf der Tanzfläche wird das Entgendern durch Mechanismen der Vermännlichung des Weiblichen oder umgekehrt der Feminisierung des Männlichen übersetzt. Es lässt sich z. B. auf der Tanzfläche eine Reaktivierung der Butch-Ästhetik beobachten, ohne dass dieser Stil eine sexuelle Präferenz ausdrückt: kurze oder rasierte Haare, geschlossenes Gesicht, hochgezogene Schultern, kein Make-up, hohe Militärschuhe, Militär-BHs. »Aufgrund dieses Stils halten mich die Leute immer für eine Lesbe.« (C., USA) Bei dieser ästhetischen Wahl gibt es sowohl bei Heteras als auch bei Lesben eine allgemeine Weigerung, einem sozialen Geschlechtsstereotyp zugeordnet zu werden. Dieser Prozess von ›Gender Fucking‹ ist besonders zur *Klubnacht* üblich. Das Wort, das aus dem LGBT-Slang stammt, wird in der Queer-Denkweise als Synonym für Gender-Bending verwendet. Es bezieht sich auf das Verdrehen, das Verbiegen, sogar die Umkehrung der Geschlechter-Stereotype durch die Gender-Performativität. Dieser Prozess basiert unter anderem auf der Theatralisierung der Gender-Rollen mit dem Ziel, das Spiel des Scheins zu entlarven. Daher die Verwendung von Kostümen, Make-up, Cross-Dressing, daher das Theater der Körper. Dies alles sind gelebte Praktiken der geschlechtlichen Verbiegung. Die Gender Fuckers des Berghains überspielen das Geschlecht, um seine Künstlichkeit zu entlarven. Sie übertreiben die Codes der Weiblichkeit oder Männlichkeit, um sie in eine Parodie zu verwandeln: S. (Marokko) trägt eine Baskenmütze und eine Militärtunika, um die Virilität der Uniform zu überzeichnen; M. (Frankreich) trägt eine winzige Krone und einen Spitzenkragen, um die herrschende Figur des Königs zu parodieren. Die Umkehrung der Kleiderordnung ist eine Form des Widerstands. Sie bietet die Möglichkeit, eine alternative Geschlechtsidentität zu bejahen. Die Verkleidung der Drag-Queen ist in dieser Hinsicht auch als eine Form von Gender-Fucking zu betrachten. D. (Schweiz) gehört zu denjenigen, die mit Geschlechterrollen spielen, indem er mal unter männlichen, mal weiblichen Attributen in Drag Queen-Kleidung ins Berghain geht. Je nach Stimmung versetzt er sich in den einen oder anderen Charakter hinein, ohne dass die Türsteher ihn als die gleiche Person identifizieren können. »Manchmal bin ich im Schlampenmodus. Ich bin sehr sexuell, im Diva-Modus, im Frauen-Modus. Nicht, dass ich eine Frau werden will, sondern dass ich diese weibliche Seite an mir habe, die sehr stark ist. Auch in meiner Männlichkeit fühle ich mich sehr wohl.« Als Mann tanzt er in Shorts und mit nacktem Oberkörper, trägt einen Choker mit einem Ring, dessen Kette er auf der Suche nach einem Meister hängen lässt. Als Drag Queen trägt er eine lange blonde Perücke, ein Korsett, Strumpfgürtel, einen Vinyl-Minirock, Plateauschuhe und manchmal einen Latex-Jumpsuit. Schließlich basieren die Entgendern-Prozesse auf Vorrichtungen, welche die Bewegungsmöglichkeiten des Körpers einschränken, wie z. B. Leine, Zwangsmaske oder Latex-Ganzkörperanzug. Ein Prozess, durch den der Mensch »den taktilen Zwang gegen sich selbst anwendet« (Andrieu, 2019). Indem man seinen Körper oder sein Gesicht verhüllt, sich der Möglichkeit beraubt, seine Körperöffnungen zu benutzen (Knebel usw.), beraubt man sich freiwillig seiner Geschlechtsidentität. »Paradoxerweise begrenzen diese im Clubraum beobachteten Apparaturen der Selbstbeschränkung den Körper nicht; im Gegenteil bietet in der Beschränkung die Gelegenheit einer Befreiung.« (Andrieu, 2019)[115]

4. Die Asexualisierung drückt sich in einer Demaskulinisierung oder Defeminisierung aus. In einzelnen Fällen neigt das Publikum dazu, sich zu asexualisieren, indem es sich entmaskulinisert oder entfeminisiert. Zu dem Entfeminisierungsprozess gehört bei Frauen das Herumlaufen im Club mit rasiertem Schädel in der Gestalt des Cyborgs. In ihrem Buch *A Cyborg Manifesto* (1984) verwendet Donna Haraway die Metapher des Cyborgs, um Feministinnen aufzufordern, die Grenzen von Geschlecht zu überschreiten. Zu dem Entmaskulinisierungsprozess gehören bei Männern die CBT-Praktiken[116] als Akt der symbolischen Kastration, wodurch man darauf verzichtet, seinen Phallus allein zu genießen – und die Animalisierung, wodurch man auf allen vieren an der Leine geführt wird oder ein ›Puppy‹, eine Hundemaske aus Latex trägt: »We had our first long kiss, my boyfriend and I, on a toilette with a line of cokes after that. Threesome of homos with dog mask.« (G., Deutschland) Das Agendering ist ein körperliches Experiment, das die Barrieren des Geschlechts überschreitet und zur Geschlechtslosigkeit neigt (Andrieu, 2019). Die Welten der Mode und des Techno tragen sicherlich zum Agendering-Prozess aktiv bei. Die Berliner Clubszene ist eine Inspirationsquelle für die Welt der Mode und die Clubszene als Vermittlerin von subkulturellen Stilen bildet für die großen (Balenciaga z. B.) oder lokalen Mode-Labels (UY, Perlensau, NAKT, Kaiserengel/Heroin Kids, etc.) einen idealen Laufsteg. Beide sind im Berghain eng verbunden, wie die Modeschauen der *Berlin Alternative Fashion Week* oder die Veranstaltung von UY, einer Clubwear-Marke aus Kreuzberg, zeigen. Die Veranstaltung war übrigens eine Performance mit dem Titel ›Zone 005‹ in der Berghain-Halle, in Zusammenarbeit mit der

115 Andrieu, Bernard (2019), *La BD SM – Comment s'agenrer,* Editions le Murmure, Collection Borderline, 2019, S.37

116 *Cock and ball* torture oder abgekürzt CBT (auf deutsch: Penis- und Hodenfolter) bezieht sich auf die schmerzliche und lustvolle Stimulation von Genitalien.

russischen DJ Dasha Rush, der Deutschen Oper und dem Berliner Staatsballett. Die Abweichung von den genderspezifischen Kleidungsvorschriften ermöglicht es, über die Binarität zwischen Mann/Frau hinauszugehen. Die Entwicklung einer Unisex-Kollektion von UY steht im Einklang mit diesem Agendering-Prozess, wobei beispielsweise das Kleid und die Farbe Rosa nicht mehr als weibliche Attribute betrachtet oder zugunsten des Männlichen umgekehrt, sondern einfach undifferenziert behandelt werden. Das Berghain ist der privilegierte Raum für eine solche Inszenierung dieser geschlechtslosen, »genderless« Mode. Einzelne Gäste experimentieren auch zu Spitzenzeiten mit Körperapparaturen, die sich den normalisierenden Rollen widersetzen. Der Agendering-Prozess besteht darin, die Möglichkeiten des Körpers jenseits aller Binarität durch »kapazitäre Erfindungen« (Andrieu) zu erforschen, »zu akzeptieren, in seiner geschlechtsspezifischen Komfortzone erschüttert zu werden und sich durch umgekehrte Körperpraktiken zu entgendern: Sodomie, Fist Fucking, SM-Praktiken, Undinismus, sexuelle Rollenspiele – alles Techniken, mit denen der eigene Körper sich gegen die heterozentrischen und reproduktive Moral auflehnt« (Andrieu, 2019: 21). Das Agendering beruht auf dem Zurückgreifen auf denormalisierende Körperpraktiken:

> »Yeah, once I was in the middle of Berghain floor and a guy put his dick out and started peeing. He got reprimanded and I think he had pleasure being treated like a child as his face looked like a shameful kid. He left and a pool of pee formed in the dance floor then I saw a girl with open toes dancing towards it and I have to warn her so she doesn't step in the pee. She was very thankful and called me her pee angel.« (G., Brasilien)

Auch wenn diese »kapazitären Erfindungen« im Allgemeinen im Club äußerst marginal bleiben, werden sie nur zu Spitzenzeiten beobachtet. Wie Andrieu darauf hinweist, ist »der Agendering-Prozess, anders als das Entgendern, keine Dekonstruktion der Sexualität durch eine kritische Positur. Es ist eine Mutation der Sexualitäten durch eine radikal neue Erfahrung seines eigenen lebenden Körpers und der Körper der anderen«. (Andrieu, 2019: S. 66)

> »Einmal lag ein Mann nackt auf dem Rücken im Badezimmer von Pano. Er hielt einen Trichter in den Händen, der durch einen Plastikschlauch direkt mit seinem Anus verbunden war. Er forderte die Leute auf, in den Trichter zu pinkeln, damit der Urin direkt in seinen Arsch ging. Das war lehrreich. Ich bin immer noch überrascht, wie erfinderisch er war.« (C., Frankreich)

Wir sollten in diesen denormalisierenden Praktiken eine reine Neutralisierung des Genders auf der Grundlage der körperlichen Erforschung erkennen. Es geht darum, im Kampf gegen die Genderrollen und eine auf die Fortpflanzung ausgerichtete Sexualität, seinen lebenden Körper zu spüren und ihn neuen performativen Mitteln zu unterwerfen:

Diese zahlreichen Beispiele bestätigen Judith Butlers These, dass das soziale Geschlecht nicht an sich existiert, sondern immer performt wird. Im Berghain ist es eine Show, die von den Stammgästen immer wieder gespielt und neu interpretiert wird. Der Begriff der »Gender-Performativität« basiert auf der Idee, dass Individuen, ähnlich wie Schauspieler, das soziale Geschlecht spielen, das ihnen die Gesellschaft zugewiesen hat[117]. Im heterotopischen Raum des Berghains agieren viele jenseits der, oder sogar gegen die vorgeschriebenen Rollen. Diese Bekundungen von Entgendern oder Agendering tragen zu einem Prozess der Neukodierung des sozialen Geschlechts jenseits der etablierten Normen bei. Die im Berghain eingesetzten Körperpraktiken sind Hinweise auf einen lebenden Körper. Sie sind Teil einer körperlichen Selbsterforschung, die jede normative Identität in Frage stellt:

> »Es war das Closing zum Neuen Jahr, am 3. Januar nach 72 Stunden Non-Stop-Party. Die Tänzer warfen ihre letzte Kraft in die Tanzfläche. Die Lichter gingen nach und nach wieder an, und Boris begann, die Tracks einzeln abzuspielen, ohne sie zu mixen. Trotz der Müdigkeit schienen die Menschen überhaupt nicht verballert zu sein. Ein

117 Judith Butler, Performative Acts and Gender Constitution: An Essay in Phenomenology and Feminist Theory, 1988.

nackiger Junge saß auf einem Plastikschweinchen und spielte mitten auf der Tanzfläche Bockspringen. Ein anderer hielt seine drei Sklaven an der Leine. Er schleppte sie bis zum Ende der Leine auf dem hinteren Podium und ließ sie dann wie Welpen auf allen Vieren sitzen. Dann steckte er ihnen einen dreizackigen Analplug ein, während alle in Trance waren, und sie tanzten so auf allen Vieren zur Musik. Wenige Minuten später machten zwei Menschen eine unglaubliche Choreographie auf der Tanzfläche. Die Tänzerin drehte sich wie ein Kreisel und fistete gleichzeitig ein Mädel, das mit ihr rumknutschte. Es gab keine Vorurteile mehr. Es war mir überhaupt nicht pornografisch. Es war mehr wie ein Moment der reinen Performance. Wir waren in einer anderen Dimension. Nur die Verrücktesten waren noch da. Hätte Boris weiter gespielt, hätten alle sicher weiter getanzt, bis zur Erschöpfung. Und dann hörte die Musik plötzlich auf. Ich ging meinen Mantel holen und traf den Mann mit seinen drei Sklaven an der Garderobe. Ich gratulierte ihnen für das Spektakel. Sie haben mir gedankt. Sie waren meine Nachbarn.« (G., Frankreich)

Das Berghain: ein »queerer Raum«[118]?

Die *Klubnacht* illustriere, so S. (Ukraine), die Abschaffung des Genders und mache das Konzept des sozialen Geschlechts irrelevant: »Berghain grew out of being a space for gays. Now it's a space where gender and sexuality are irrelevant. It switches the focus on being just human, actually also alien. So I guess on just mutual acceptance and recognition.« Diese Interpretation würde die These eines queeren Raumes für Aliens belegen, d. h. eines flüssigen Raumes, eines Ortes der Vielfältigkeit von Geschlechtern und Sexualitäten. Vielleicht sogar eines Aggregats von Kategorien, ein Raum, in dem der Begriff »Kategorie« selbst seine Bedeutung verliert. Die

118 Siehe dazu Olivier Vallerand, regards queers sur l'architecture – une remise en question des approches identitaires de l'espace, Captures, Mai 2016. http://revuecaptures.org/article-dune-publication/regards-queers-sur-l'architecture

Übersetzung von »queer« durch den Begriff »altersexuell« oder »allosexuell« gibt nicht die subversive Reichweite des englischen Wortes wieder, das von einem homophoben Schimpfwort zu einem Element der Selbstbezeichnung der LGBT+-Gemeinschaft geworden ist. Queer ist das, was den Status quo der Gender-Definitionsstandards in Frage stellt. Aber es reicht nicht aus, schwul zu sein, um queer zu sein, und es kann eine sehr homonormative Mentalität in schwulen Techno-Partys herrschen, in denen sich LGBT+-Minderheiten (Lesben, Drag, Transgender, Queer, Nicht-Binäre) nicht immer wohl fühlen, wie A., Transfrau aus Griechenland, berichtet:

> »Ich wollte eine Frau werden. Ich habe glücklicherweise eine wunderbare Familie, die mich in diesem Prozess sehr unterstützt und begleitet hat. Es war meine Entscheidung, eine Frau zu werden. Auch wenn ich mich zu Männern hingezogen fühle und meine Freunde alles dafür tun, dass ich zur *Snax* Party im Berghain komme, fühle ich mich nicht immer sehr wohl. Es war meine Entscheidung, eine Frau zu werden. Es ist mir also ein wenig peinlich, dorthin zu gehen. Als Transgender fühle ich mich zum Beispiel im *Kitkat* oder auf der *Trashera* in der Wilden Renate viel besser.« (A., Griechenland)

Eine große Schwierigkeit bei der Definition eines »queeren Raums« liegt in der Definition des Begriffes ›queer‹ selbst, wie J., aus Irland, betont. Es ist auch möglich, gleichzeitig heterosexuell und queer zu sein, also einen heteronormativen Lebensstil abzulehnen. Obwohl sie Hetera ist, wird sie von ihren Freunden als »queer« in dem Sinne beschrieben, dass sie nicht in normatives Denken oder einen konventionellen Lebensstil passt:

> »This is difficult for me. My gender and sexual identities, behaviours and expression are very much at one end of male/female heterosexual binary. I'm very straight in that regard. On the other hand, some people would define queer as being not just about gender and sex, but how you live your life. My lifestyle and ideals are not conventional, and as a female in my 30s, I have often found myself at odds with the expectations that I would want the conventional heteronormative life, wedding, children…

> Admittedly, the version of that in Ireland and in my own family is very conservative. Either way, I often find myself at a loss and at the margins of society, considered some kind of free spirit or alternative thinker. Some of my friends have said they consider me queer, which I consider a huge compliment, but I see myself as more of a queer ally or queer friend. I struggle a lot with heteronormative expectations and structures, but that maybe just means I'm a feminist.«

Darüber hinaus hat die Queer-Bewegung einen ästhetischen Einfluss auf das Publikum des Berghains. Aber die Merkmale des Queer liegen in seiner Plastizität und Fluidität. Es ist schwierig, nur am bloßen Aussehen zu erkennen, wer queer ist und wer nicht. »Schwer zu sagen. Es ist nicht auf deiner Stirn geschrieben. Queer übt auf alle einen Einfluss aus. Vielleicht bist du nicht queer, aber du trägst einen Harness. Ich bin zum Beispiel rasiert und die Leute fragen mich deshalb, ob ich Lesbe bin. Mode ist überall im Raum, so dass es schwer zu sagen ist, wer was ist. Queer hat einen großen Einfluss auf die Mode. Die Queer-Leute sind Trendsetter.« (C., USA). Queer ist oft ein Etikett der Berliner Techno-Partys, ein Oberbegriff, der für Offenheit steht, ohne jedoch alle Publikumskategorien einzubeziehen. Wichtig ist, dass sich alle Besucher, unabhängig von Geschlecht und Sexualität, dort sicher fühlen. Dieser Begriff des sicheren Raumes bezieht sich auf jene Orte der Freiheit, in denen der eigene Raum respektiert wird, auch wenn man Sex hat oder nackt tanzt. Es ist ein Raum, in dem das stillschweigende Einverständnis eine Schlüsselrolle spielt. Aber alles hängt jeweils davon ab, wie man es interpretiert, denn ähnliche Verhaltensweisen haben möglicherweise nicht die gleiche Interpretation oder Konsequenz, je nachdem, wer sie annimmt. Beispielsweise kann Flirten seitens Heteros schnell als Belästigung interpretiert werden und zum Ausschluss selbiger führen, während dasselbe Verhalten von einem Homosexuellen in einer ähnlichen Situation nicht sanktioniert wird: »Einmal zogen mir zwei Typen aus Spaß die Hose runter. Ich bin locker, aber stellen Sie sich vor, wenn ich das mit einer Frau oder einem Schwulen gemacht hätte, hätte mich die Security sofort rausgekickt.« (G., Frankreich) »I know that there is of course harassment between guys, for example, my friend he is straight but guys are just touching his ass or touching his balls and stuff like that but he cannot say anything because it's a gay club apparently.« (H., Korea) Zumindest kann man das Berghain als »queer friendly«, d. h. wohlwollend und inklusiv bezeichnen, da jede Form von Homophobie, Transphobie und Diskriminierung im Allgemeinen (Rassismus, Fat Shaming, Sexismus, Slut-Shaming usw.) sofort beim Sicherheitsdienst gemeldet wird. Einige, wie M. (Italien) oder S. (Deutschland), sehen zwar das Berghain als queer im Sinne von queer friendly, d. h. als Raum, der offen ist für Geschlechter und sexuelle Vielfalt ohne Vorurteile oder Diskriminierung. Aber die Wahrnehmung des Berghains als »queer space« wird bei weitem nicht von allen Stammgästen geteilt. Der Club bleibt ein homonormierter Raum, in dem z. B. Lesben unterrepräsentiert sind. »Ich habe kürzlich beim *Cocktail* ein lesbisches Paar gesehen, das rumgeknutscht hat. Da habe ich mir gedacht: im Berghain ist es auch super maskulin. Lesben auf Techno-Partys sehe ich ja nicht so viele.« (D., Schweiz) Die Räumlichkeiten des Clubs sind eher eine Kombination aus inklusiven, gemischten Räumen und halboffenen Räumen, wie z. B. der Klobar (die Bar in der Nähe der Berghain-Toiletten), die vor allem von der schwulen Community frequentiert werden. »A queer space? Yes and no. I'm always aware that as a cis straight female I'm a guest in a space that was originally for mainly gay men. Some nights it's more of a queer crowd, but maybe the word ›alternative‹ fits Berghain better, especially when on some nights it feels like the straights and ›visitors‹ are taking over…?« (J., Irland) Diese Abgrenzung von einem bestimmten Publikum erklärt sich aus dem Wunsch, die paroxysmale Erfahrung der Ekstase und Osmose ungetrübt zu erleben. Diesen Eindruck teilt W. (Frankreich), der sich selbst als *genderfluid* definiert und zwischen einem weiblichen und einem männlichen Pol schwankt: »Ja und nein, es ist immer noch ein sehr schwuler Raum«. Mehrere befragte Frauen bezeugen auch das Gefühl einer gewissen Ausgrenzung innerhalb eines von der Schwulen-Community dominierten Raums. »Ich finde, dass das Berghain immer noch sehr männlich und schwul ist, im Gegensatz zur *Gegen* im Kitkat, die mehr queer ist. Zum Beispiel gibt es nur sehr wenige Lesben auf Techno-Partys. Es ist insgesamt immer noch sehr maskulin. Der Stil vom Berghain ist sehr lederbezogen, das Publikum ist sehr homogen.« (A., Deutschland) M., eine

Hetera, die gern an der Klobar sitz, erklärt, sie sei bereits ein Opfer von Frauenfeindlichkeit geworden: »Ich würde nicht sagen, dass es ein queerer Raum ist, aber das bedeutet nicht, dass es dort keine queeren Leute gibt. Manchmal ist es hier ein bisschen frauenfeindlich, besonders bei einigen schwulen Männern. Manchmal fühle ich mich ein bisschen unwohl. Ich gehe deshalb nicht auf Schwulenpartys, weil das nicht mein Raum ist«. Viele Stammgäste stehen diesem Begriff des »queeren Raums« recht kritisch gegenüber und ziehen den Begriff *queer friendly* dem Begriff queer vor. Im Vergleich zum Stammpublikum der *Klubnacht* scheinen die so genannten sexpositiven Partys, wie die *Gegen* im Kitkat oder die Party *Cocktail* im Club Griessmühle, mehr Drags, Transgender- und Queer-Menschen anzuziehen:

> »Ich finde die Szene nicht besonders vielfältig. Alle sind sehr attraktiv und haben mehr oder weniger den gleichen Stil. Ich finde das Kitkat viel vielfältiger, viel mehr verschiedene Körper. Im Kitkat bin ich entspannter. Im Berghain ist es überhaupt nicht queer, sondern schwule, bärtige Schwule. Es ist sehr einschüchternd, aber es ist kein queerer Raum, und als Frau fühle ich mich manchmal fehl am Platz. Ich würde nicht sagen, dass ich mich ausgeschlossen fühle, aber manchmal nicht so willkommen. Es hat auch Zeiten gegeben, in denen ich von der Party Herrensauna abgelehnt wurde, weil es dort zu viele Mädels gab, aber ich kann nichts gegen mein Geschlecht tun… Wenn die Techno-Szene nur ein wenig inklusiver und vielfältiger wäre…« (C., USA)

Weit davon entfernt, ein Raum der totalen Inklusion zu sein, scheint das Berghain mehr auf ein Gleichgewicht zwischen Inklusion und Segmentierung zu setzen. Die von den Türstehern betriebene Einlasspolitik fungiert als Regelventil. Die Einbeziehung einer heteronormativen Minderheit geht nicht ohne den Ausschluss der Mehrheit. Auf diese Gefahr weist C., eine heterosexuelle Frau aus den Niederlanden, hin: »It should keep its gay identity which is the identity which make them great at the very beginning… It is nice that they have some queer parties and I could imagine many people would appreciate more queer parties which would then be good. It shouldn't be too often though and keep a big group of people excluded from a party night in Berghain.« Um die Identität des Clubs zu wahren, sollte also eine kritische Schwelle nicht überschritten werden. Wenn das Berghain zu offen wird, riskiert es, sich in einen heterosexuellen Raum zu verwandeln und deshalb sein schwules Publikum zu verlieren. Wenn es zu homonormiert wird, läuft es auch Gefahr, sein heterosexuelles Publikum und seine LGBT+-Minderheiten zu verlieren. Die Herausforderung bei der Selektion der Besucher liegt in der Erhaltung der Geschlechtervielfalt und der Szeneauthentizität.

Die in der Zeit der *Klubnacht* zu beobachtenden Körperpraktiken stören die Genderrollen. Es handelt sich dabei nicht so sehr um einen queeren Raum an sich, als vielmehr um einen verqueerten Raum, d. h. einen Raum, der bei jeder *Klubnacht* vom Publikum anders performt wird und sich in der Intersubjektivität der Beziehungen entfaltet, wobei das Selbst sich kreativ zum Subjekt konstituiert. Das Berghain bleibt somit während der *Klubnacht* ein Raum des Zusammenlebens, der Anerkennung und Akzeptanz der Vielfalt von Geschlechtern und alternativen Sexpraktiken. Die queeren körperlichen Experimente sind sicherlich eine Minderheit, aber sie sind umso sichtbarer, als sie auf einem Prinzip der Inszenierung beruhen, das den Spiegel des anderen erfordert. Diese Interpretation positioniert das Berghain als queeren Raum anders, also eher als einen performativen Raum, der nicht nur an einem bestimmten Ort, sondern auch in einer bestimmten Zeit konstruiert wird. Wie Reed (1996) betont: »No space is totally queer or completely unqueerable […]. Queer space is imminent: queer space is space in the process of, literally, taking place, of claiming territory.«[119]

119 Reed, Christopher (1996), Imminent domain. Queer space in the built environment, in Art Journal, vol. 55, no 4, S. 64–70, hier S. 64.

S'NA
S'NA

IV Underground resist-dance

In Corona-Zeiten tanzen und danach?

Mitte März 2020 fand das Berliner Nachtleben ein jähes *Closing*, indem der Lockdown die Berliner Techno-Clubs zur Schließung zwang, ebenso wie die Fitnessstudios, Bars, Restaurants und Museen. Die Entdeckung eines Mini-Clusters innerhalb des Clubs *Kater Blau* zog die Aufmerksamkeit der Behörden auf sich. Was als eine provisorische Einstellung des Clubbetriebs gedacht war, hat sich in die Länge gezogen und die Branche des Partytourismus in eine schwere Krise gestürzt. Die Berliner Clubwirtschaft erwirtschaftete allein im Jahr 2017 mit 3 Millionen Club-Touristen pro Jahr einen Gesamtumsatz von 168 Millionen Euro und gesamtwirtschaftliche Umsatz-Nebeneffekte von 1,48 Milliarden Euro[120]. Mehrere Wirtschaftsbereiche profitieren davon: An- und Abreise, Gastgewerbe, Gastronomie, Transport, Shopping, Sehenswürdigkeiten, kulturelles Angebot usw. Die Gesundheitskrise hat aber viele Arbeitsplätze gefährdet und gestrichen, insbesondere bei prekären Mitarbeitern und selbstständigen Künstlern. Wie die Arbeit von J. M. Kühn (2016) zur Clubwirtschaft zeigt, ist die subkulturelle Ökonomie in Berlin zu einem wichtigen Wirtschaftsfaktor geworden, die aber auch zu einem großen Teil auf prekärer Beschäftigung beruht. 9.000 Menschen waren vor der Krise in der Berliner Clubszene beschäftigt, davon aber 40 % in Minijobs, 10 % ehrenamtlich und 20 % als freie Mitarbeiter (ebd.). Im Berghain, wie auch in anderen Berliner Clubs, wurden befristete Verträge und Mini-Jobs nicht verlängert. Innerhalb kürzester Zeit wurden viele Menschen arbeitslos und DJs kündigte man ihre Verträge. Das

120 Studie der Club Commission zur Berliner Clubszene, S. 37, 2018.

30-Millionen-Euro-Hilfspaket vom Berliner Senat für den Clubsektor (Soforthilfepaket IV 2.0[121]), die bis 67 % staatlich geförderte Teilzeitarbeit, die 5000 Euro Soforthilfe für selbstständige Kulturschaffende und das Darlehensprogramm der Investitionsbank Berlin bedeuteten zwar eine erhebliche Unterstützung und verhinderten vorübergehend den Zusammenbruch eines ganzen Sektors. Aber hinter der massiven Hilfe, die geleistet wurde, verbirgt sich ein strukturelles Problem, wofür der Berliner Senat noch keine Lösung gefunden hat. Diese Nothilfe wurde in erster Linie zur Deckung der Mietkosten der Clubs verwendet und kam im Endeffekt den Vermietern zugute. In diesem Sinne können die Staatshilfen für die Clubkultur indirekt als Hilfen für Vermieter betrachtet werden. Die Vermieter verdanken die Aufwertung ihres Immobilienvermögens weitgehend der Clubszene. Die Clubbetreiber und Partyveranstalter haben in den Neunzigern nach dem Prinzip der Zwischennutzung zur Aufwertung von wertlosen Grundstücken und baufälligen Gebäuden beigetragen und damit indirekt die Vermieter bereichert, die die Mieten erhöht haben. Trotzdem hat sich die Immobilienlobby nicht an den Kosten der Pandemie beteiligt. Es wäre nur logisch, wenn die Vermieter als Ausgleich für diesen Immobilienmehrwert einen Beitrag leisteten, in Form einer finanziellen Entschädigung oder ggfs. einer Aufhebung oder Verschiebung der Mietkosten, was den Clubs zugute kommen würde. Derart würde die subkulturelle Ökonomie am Profit teilhaben, den die Immobiliengesellschaften schließlich konkret gemacht haben. Wäre es nicht sinnvoll, wenn das Land Berlin den Clubs, die über keine eigenen Räumlichkeiten verfügen, nach dem – noch als Tabu geltenden – Prinzip der Vergemeinschaftung als unantastbar erklärte Räume zur Verfügung stellen würde, um sie vor Gentrifizierung und steigenden Mietkosten zu schützen?

Die Akteure der Techno-Szene sind im Corona-Kontext nicht passiv geblieben, ganz im Gegenteil. Im Clubsektor waren die Reaktionen auf die Krise vielfältig. So wurden sowohl vom Bund, vom Berliner Senat, als auch von den Clubs Spendenaufrufe organisiert. Viele Clubs haben ihre Stammkunden darum gebeten, sie durch Crowdfunding-Kampagnen finanziell zu

121 Dieses vom Berliner Senat beschlossene Hilfspaket wurde auf 38 Clubs verteilt, mit durchschnittlich 81.429 Euro Zuschüsse pro Club. Der Berliner Kultursenator Klaus Lederer hatte den Clubs 30 Millionen Euro Hilfe versprochen.

unterstützen. Indem er sein Publikum zu einem Solidaritätsschub aufrief, gelang es dem Club *Wilde Renate/Else*, über 100.000 Euro zu sammeln, um die Betriebskosten zu decken und die Arbeitsplätze kurzfristig zu sichern[122]. Die *So36* und das *SchwuZ* starteten ebenfalls Spendenaktionen. Dem Club *About Blank* gelang es, 130.000 Euro an Spenden zu sammeln[123]. Die aktive Beteiligung der Berliner Techno-Community an diesen Solidaritätsaufrufen hat die tiefe Verbundenheit des Publikums zu seinen Lieblingsclubs gezeigt. Die Solidaritätswelle beschränkte sich nicht nur auf die Clubs selbst, sondern wurde auch lokalen Geschäften, Bars und Restaurants entgegengebracht, aber die Höhe der in diesem Sektor gesammelten Summen verweist darauf, dass insbesondere Clubs in Zeiten der Gesundheitskrise auf die Unterstützung einer treuen Stammkundschaft zählen konnten. Die kollektive Aktion #unitedwestream, die von mehreren Berliner Techno-Clubs unter der Schirmherrschaft der Club Commission[124] initiiert wurde, ist ein Beispiel dafür. Sie ermöglichte das Sammeln von Spenden durch Livestreams und Performances, Diskussionen über kulturelle Themen und DJ-Sets, unter anderem in Partnerschaft mit Arte Concert.

Zwischen DIY und kommerzieller Diversifizierung

Die Gesundheitskrise zwang die Akteure der Techno-Szene zu einer schnellen und tiefgreifenden Reorganisation ihrer Aktivitäten. Zur kollektiven Aktion Unitedwestream wie der Live Performance aus der Boros Stiftung[125] kamen auch DJ-Sets von Ellen Alliens Balkon oder Livestreams

122 https://www.startnext.com/renate-needs-help-nothing-else

123 https://www.startnext.com/whatever-you-take

124 An dieser Aktion haben insbesondere der Tresor, das Watergate, der Kater Blau, Rummelsbucht, die Griessmühle, Sage, Salon zur Wilden Renate, Sisyphos, die Anomalie oder zur Klappe teilgenommen.

125 Highsnobiety & United We Stream present: BERLIN, BERLIN w/Ellen Allien, Patrick Mason, Dr.Rubinstein, 23.01.2021.

von der unabhängigen Plattform *Hör Berlin*[126], die, in der Tradition des Berlin Community Radio[127], bereits drei Monate nach ihrem Start im August 2019 mehr als 15 Millionen Views und im Januar 2021 174.000 Abonnenten auf ihrem Youtube-Kanal zählte. Obwohl die Gesundheitskrise die Berliner subkulturelle Ökonomie geschwächt hat, hat sie also paradoxerweise auch neue Akteure hervorgebracht. *Hör Berlin ist einer davon.* Mit ihrem selbst gebauten Tonstudio in Kreuzberg, erkennbar an seinen weiß gekachelten Wänden, seiner Fisheye-Kamera und seinem DJ-Pult, knüpfen Ori und Charly, die Mitgründer von *Hör Berlin* an die Tradition des Do-it-yourself (DIY) an, das die Technokultur charakterisiert. Mit Hilfe einer Überwachungskamera, die in einem Mini-Studio installiert wurde, überträgt *Hör Berlin* Live-DJsets von Künstlern, darunter junge Talente, aber auch viele, die oft im Berghain auftreten, wie Dasha Rush, Ellen Allien, Dr. Rubinstein, Héctor Oaks oder Matrixxman. Diese Do-it-yourself-Methode ist nicht neu. Sie ist Teil der Geschichte des Techno seit den 1990er Jahren. Die Vitalität der Berliner Clubszene ist seit jeher geprägt von dieser Kunst des Do-It-Yourself, vom Holzzaun der *Bar 25*[128] bis zu den Europaletten des *Sisyphos* und des *Clubs der Visionäre.* Sie definiert sich nicht durch einen etwaigen Dilettantismus oder Amateurismus, sondern durch ihre Fähigkeit, mit Nägeln, recycelten Brettern und viel Phantasie aus dem Nichts ein verlassenes Grundstück oder ein leerstehendes Gebäude in einen Techno-Club zu verwandeln. Auch wenn solche Initiativen den physischen Kontakt mit der Tanzfläche nicht ersetzen, erlauben sie, die Verbindung zwischen den DJs und ihrem Publikum aufrechtzuerhalten. Über lokal verankerte Community-Netzwerke verbinden sie, im Gegensatz zu großen Streaming-Plattformen wie Spotify oder Deezer, Mitglieder der Berliner Technoszene wieder miteinander. Sie

126 https://www.electronicbeats.net/berlin-radio-diy-cctv-bcr-hor/

127 Der Berlin Community Radio (BCR), der Sender für elektronische und experimentelle Musik musste 2019 mangels ausreichender finanzieller Mittel seine Aktivitäten einstellen.

128 Die Bar 25, die ursprünglich aus Brettern und Sperrmüll gebaut wurde, ist ein gutes Beispiel für diese DIY-Tradition. Siehe dazu den Dokumentarfilm »Bar 25 – Außerhalb der Zeit« (2012) und das ihm gewidmete Kapitel von Tobias Rapp, Lost and Sound: Berlin, Techno und der Easyjetset, Suhrkamp, 2009.

arbeiten daran, diese wertvolle Verbindung mit dem Publikum, die mit der Gesundheitskrise verloren gegangen ist, wiederherzustellen.

Die Anpassung der Clubs an die Hygienemaßnahmen erfolgte in Form einer Diversifizierung der Aktivitäten, die von der Umwandlung in Biergärten bis zur Musealisierung reicht. Einige Clubs wie das *Kitkat* oder der *Arena-Club* wurden sogar zum Corona-Testzentrum umfunktionniert. Nach dem ersten Lockdown durften die Clubs nur noch im Freien und als Biergarten öffnen, wie z. B. der Sektgarten von *About Blank*, mit Musik im Hintergrund, unter Einhaltung eines strengen Hygienekonzepts: Aufrechterhaltung eines Abstands zwischen den Tischen, Schließung der Tanzfläche und Maskenpflicht in allen Bereichen des Clubs (außer an den privaten Tischen). In dieser neuen Konfiguration durfte nicht mehr getanzt werden. Somit verschwand auch ein zentraler Bestandteil der Technokultur. Gleichzeitig schien die Organisation von Ausstellungen eine provisorische Lösung, um die Auswirkungen der Krise zu mildern. Das Team der *Wilden Renate* hat in Partnerschaft mit dem queeren Kollektiv von *TrashEra* und *Bad Bruises* eine immersive Ausstellung mit dem Titel »Overmorrow«[129] eröffnet. Diese besteht aus Performances, Bildern und Installationen, die vor dem Hintergrund der Dystopie reflektieren, wie die Welt nach Corona aussehen könnte. Das Berghain hatte seinerseits schon lange vor der Gesundheitskrise den Weg der Diversifizierung verfolgt und Ausstellungsprojekte sowie Ton- und Bildinstallationen veranstaltet[130]. Die Inschrift »Morgen ist die Frage«, die im September 2020 auf einem Riesenbanner des Künstlers Rirkrit Tiravanija an der Fassade des Berghains aufgehängt wurde, drückt die allgemeine Besorgnis um das Überleben der Berliner Clubszene aus. Denn Hilfen vom Bund und vom Land werden auf lange Sicht nicht ausreichen. Mit seinem großen Ausstellungsprojekt von rund hundert Künstlern unter dem Titel »Studio Berlin«, das in Zusammenar-

129 https://www.renate.cc/overmorrow

130 Siehe das Buch *Berghain – Kunst im Club*, herausgegeben von Hatje Cantz zum 10-jährigen Jubiläum des Clubs. Im Jahr 2013 fand in der Halle des Berghains (Kubus) eine Ausstellung mit dem Titel 10 Jahre Berghain statt. Zur Ausstellung Studio Berlin, siehe Peter Richter, »Gestern ist keine Antwort«, in Süddeutsche Zeitung, 12.09.2020.

beit mit der Boros-Stiftung entstanden ist, ging das Berghain auf dem Weg zur Musealisierung[131] hin einen Schritt weiter, die zwar nicht so lukrativ wie der übliche Clubbetrieb, aber dafür weniger zwingend ist in Bezug auf die erforderlichen Sicherheitsmaßnahmen und den Personalbedarf. Getreu seiner Strategie, sich durch Kooperationen mit der Kunst- und Modewelt zu profilieren, vermietete das Berghain seine Räumlichkeiten auch für eine Modenschau des Modelabels *Bottega Veneta* im April 2021. Die darauf folgende After-Party im Soho House löste im Kontext des zweiten Lockdowns eine heftige Kontroverse aus. Als Alternative haben sich einige Clubs dazu entschlossen, hinsichtlich der auf Landesebene flexibleren Regelungen für das private Feiern, ihre Freiluftflächen als Eventlocation zur Privatisierung anzubieten. Auf diesen privaten Partys, die manchmal von der Polizei unterbrochen wurden, war das Hygienekonzept im Allgemeinen nicht so streng, und die Maskenpflicht sowie die soziale Distanz wurden oft nicht eingehalten. Das *Suicide Circus*, das bis dahin wegen des hohen Touristenanteils und einer als zu demokratisch betrachteten Türpolitik vom Berliner Publikum gemieden worden war, profitierte dank Mundpropaganda und dem Booking von bekannten DJs der Berliner Szene durch private Partyveranstalter von einer zeitweisen Beliebtheit und kurzfristigen Rückkehr des Berliner Publikums. Die Clubs ohne Open Air-Floor hingegen mussten ihre Tätigkeit einstellen, während andere, die wie das Berghain oder *About Blank* über einen Garten verfügten, ihre Besucherzahlen auf ein Minimum beschränkten. Die Trauerzeit begann.

Um gegen die Schließung der Clubs zu protestieren, organisierten der *Kater Blau* und das Kollektiv *Rebellion der Träumer* am 01. Juni 2020 einen äußerst umstrittenen Protest-Rave[132] am Landwehrkanal. Diese Aktion erinnert an den Aktivismus des Kollektivs *Mediaspree Versenken*

---

131 Der Eintrittspreis der Ausstellung kostete 20 Euro, doppelt so viel wie der Durchschnittspreis einer Ausstellung in Berlin. Die Ausstellung ist gleich von Anfang an, im September 2020, ein großer Erfolg gewesen. Kurz vor dem zweiten Lockdown war sie ausverkauft.

132 Die Veranstalter wurden von der Menschenmenge überflutet und der Aufruf an die soziale Distanz wurde kaum eingehalten. Sie entschuldigten sich dafür, dass die Demonstration vor einer Klinik endete. Ein »I can't breath« Banner auf einem Party-Boot sorgte auch für heftige Kritik.

in den Nullerjahren, an dem die Gründer der Bar 25 damals aktiv teilgenommen haben. Der Protest-Rave brachte fast 3.000 Menschen auf Schlauchbooten und Flößen zusammen und sollte die Behörden auf die dringende Rettung der Clubszene und der Kulturschaffenden aufmerksam machen[133].

Um ihrer Stimme bei den Behörden Gehör zu verschaffen, argumentierten die Clubs, dass sich die Jugend massiv wilden Partys zuwenden würde, wie sie jedes Wochenende in Hasenheide stattfanden. Im Gegensatz zu den Clubs boten diese wilden Raves keine Kontrolle, kein striktes Hygienekonzept und garantierten weder die Einhaltung der Maskenpflicht, noch den Respekt der sozialen Distanz. Die gesundheitspolitischen Argumente scheinen treffend gewesen zu sein: um die Ausbreitung wilder Partys einzudämmen, gaben die Berliner Behörden – allerdings nur provisorisch – grünes Licht für die Wiedereröffnung der Clubs unter der Bedingung, dass ein strenges Hygienekonzept festgelegt würde: Reduzierung der Gästezahl; Öffnung der Clubs unter freiem Himmel und nur tagsüber; Maskenpflicht überall, einschließlich der Tanzfläche; vorherige Online-Reservierung von Tickets, die jede Spontaneität unterbindet. Obwohl die Clubwirtschaft in Berlin auf die Pandemie bedingten Regelungen angewiesen war, hat sie proaktiv reagiert. Mittel wurden eingesetzt, um den Clubbetrieb auch im

133 Wegen der Menschenmenge, die der Protest anzog, des Fehlens an sozialer Distanzierung und vor allem wegen des gleichzeitigen Stattfindens der Veranstaltung mit der Black Life Matters-Demonstration in Berlin wurde dieses Ereignis von einem Teil der Techno-Gemeinschaft selbst als Zeichen unverantwortlichen und unangebrachten Hedonismus heftig kritisiert. Wenn die Relevanz eines solchen Ereignisses aus gesundheitlicher Sicht in Frage gestellt werden kann, basiert die zweite Kritik auf einem dualistischen Ansatz, der von einer angeblichen Hierarchie der Zwecke ausgeht. Dieses Argument übersieht, dass der Kampf gegen Diskriminierung und der Kampf um das Recht auf Stadt vereinbar sind. Man vergisst dabei – und dadurch, dass man sich auf den hedonistischen Aspekt dieser Demonstration fokussiert – den Willen seiner Akteure, dieses Recht auf Stadt zu beanspruchen, um beschlagnahmte Stadtgebiete zurückzuerobern. In diesem Sinne ist diese Aktion nichts weniger als die Fortsetzung des Aktivismus-Modus des Kollektivs der Bar 25, die dafür bekannt war, bei den Stadt-, Polizei- und Justizbehörden ihr Recht auf Gelände und den freien Zugang der Berliner Bevölkerung zu den Spreeufern verlangt zu haben.

Kleinen wieder anzukurbeln, und die Club Commission hatte angefangen, an einem Konzept für Schnelltests am Eingang der Clubs zu arbeiten, um die Wiederaufnahme des Clubbetriebs zu ermöglichen, als der zweite Lockdown beschlossen wurde.

Die Gesundheitskrise hat die Berliner Clublandschaft zwar nicht neu gestaltet, scheint aber für die Techno-Szenen eine Entkompartimentierung, i.e. eine Loslösung von ihren jeweiligen exklusiven Revieren bewirkt zu haben, die sonst das Publikum sowie ihre jeweilige musikalische Identität betreffend, voneinander abgeschottet sind. DJs aus dem Berghain traten z. B. an Locations auf, wo sie üblicherweise kaum auftraten[134]. Dabei (re)positionierten sich einige Clubs in der subkulturellen Landschaft, wie z. B. die neu eröffneten Clubs *Oxi Garten* oder *Revier Südost* (ex-*Griessmühle*). *Else* wurde zu einem der wichtigsten Schauplätze für offizielle Technopartys im Sommer 2020. Der Club bereitete sich auf eine langfristige Krise vor und beschloss, in den Bau eines gigantischen Glasdachs zu investieren. Völlig umsonst. Der zweite Lockdown traf die Clubs hart. Die provisorische Wiedereröffnung der Clubs war sowohl für die Clubbetreiber als auch für das Publikum unbefriedigend: vielfältige Einschränkungen für Organisatoren und Mitarbeiter; Einschränkungen der Bewegungsfreiheit und der

134 Die Feldforschung über das Berghain-Stammpublikum zeigt, dass unter den 40 Befragten nur ein kleiner Anteil in andere Techno-Clubs ausgeht. Im Gegensatz zu Clubs wie About Blank und Griessmühle, die von den Stammkunden des Berghains als Beispiele kultureller Authentizität zitiert werden, bleiben andere wie Watergate, Kater Blau, Suicide Circus außen vor. Wenn ab und zu andere Clubs als das Berghain besucht werden, dann meistens nur, weil dort Partys stattfinden, die vom Berghain-Publikum als subkulturell »authentisch« angesehen werden: inklusive, sexpositive und queere Partys sowie nichtsexualisierte, aber seit langem etablierte Partys wie Synoid, Staub usw. So zieht der Tresor die Berghainer meistens nur für die Party Herrensauna an. Die Porosität zwischen den einzelnen Berliner Techno-Szenen ist begrenzt. Die spezifische musikalische Identität der einzelnen Clubs, die über ihr eigenes Label verfügen (z. B. Berliner House im Kater Blau, Minimal Techno im Club der Visionäre, Industrieller Techno im Berghain etc.), erklärt diese gewisse Abschottung ebenso wie die Exklusivitätsklauseln, die es bestimmten DJs verbieten, im selben Monat in verschiedenen Clubs in Berlin aufzutreten.

Sozialisierungsmöglichkeiten in den Clubräumen; manchmal sogar äußerst umstrittene Polizeieinsätze wie bei *Oxi Garten*[135] oder auf der *Pornceptual*[136].

Mit Maske tanzen?

Was bedeutet es körperlich und sozial gesehen, mit einer Maske zu tanzen? Es geht hier nicht darum, den gesundheitlichen Zweck dieser Maßnahmen in Frage zu stellen, sondern ihre Auswirkungen im Hinblick auf körperliche und soziale Interaktionen zu analysieren. Die Umsetzung eines strengen Hygienekonzepts bedeutete für das Publikum zuvorderst eine verstärkte, sichtbare Präsenz des Überwachungspersonals, das dafür sorgen muss, dass die Hygienemaßnahmen eingehalten wurden. Die Hygieneschutzmaßnahmen hemmen die üblichen Körperpraktiken im Techno-Umfeld, weil sie die sozialen Interaktionen einschränken: das Nebeneinander der TänzerInnen auf der Tanzfläche und in den Chillout Zonen, die Spendepraxis von Joints oder Lines in den schattigen Zonen des Clubs, intime Begegnungen in den Dark Rooms. Egal wie gerechtfertigt diese »Barriere-Gesten« aus gesundheitlicher Sicht auch sein mögen, sie stoßen auf die Sozialisierungs- und Eingliederungsmechanismen auf und neben der Tanzfläche, die die DNA der Clubkulturen ausmachen. Der Tanz kann nicht unabhängig vom Gefüge dieser sozialen Interaktionen konzipiert werden. Die Maske wirkt auch, besonders in der Sommerhitze, im sozialen Umfeld der Techno-Szene, in dem freie Körperbewegung eine feste Praxis ist, als eine physische Einschränkung. Mit Maske tanzen ist physisch machbar, aber es besteht hier ein funktioneller Unterschied zwischen dem erzwungenen Tragen einer Maske, die durch das Gesundheitsprotokoll allen vorgeschrieben ist, und dem freiwilligen Tragen eines Schleiers oder eines Knebels, welche auf Techno-Partys auch mal individuell getragen werden und zur performa-

135 Cf. https://groove.de/2020/09/23/oxi-polizei-aeussert-sich-zum-statement-des-clubs/

136 Cf. »Pornceptual kritisiert Berliner Polizei und beklagt Angriff auf Minderheiten«, in Welt, 27.10.2020.

tiven Konstruktion des Subjekts beitragen. Im ersten Fall ist die Maske die Norm und bietet keinen Platz für einen disruptiven Körper. Im zweiten geht es darum, seinen Körper einem Selbstzwang auszusetzen, der paradoxerweise auch als körperliche Befreiung, als Instrument zur Utopisierung des Körpers, fungiert. Das Gesundheitsprotokoll, das die Veranstaltung von Techno-Partys nur im Freien und tagsüber erlaubt, hat auch das Verhältnis zur Raum-Zeit des Feierns grundlegend verändert. Den Tag wieder zum Tag, die Nacht wieder zur Nacht zu machen, bedeutet auf der einen Seite, mit der Heterochronie der Techno Partys zu brechen und der Ekstase des Körpers zeitliche Grenzen zu setzen. Der Körper darf sich dem Tanz nur noch befristet hingeben. Fortan ist ihm das Ausleben der Utopie des körperlosen Körpers, dieser Zeit außerhalb der Zeit verwehrt. Auf der anderen Seite verwandelt das Gesundheitsprotokoll den Raum der Clubs und damit auch den sozialen Bezug zum Raum radikal. Es benachteiligt soziale Kontakte, anstatt sie zu erleichtern; privatisiert und trennt die Räume, u.a. zugunsten privater, räumlich getrennter Tische. Die Hygienevorschriften begünstigen soziofugale Räume zum Nachteil jener soziopetalen Räume, die jedoch ein Bestandteil der Berliner Technoszene sind: Toiletten, Dark Rooms, Aggregationsbereiche, die taktile Interaktionen ermöglichen, etc. Es wird dabei vergessen, dass der Club vor allem einen haptischen, immersiven und mit Ästhetik und Erotik beladenen Raum darstellt.

Auch die Wiedereröffnung der Clubs nach der Gesundheitskrise wird nicht ohne Auswirkungen auf ihre Kundschaft bleiben. Die Berliner Clubs waren bisher im Vergleich zu den anderen Clubmetropolen verhältnismäßig billig, beschlossen aber im Sommer 2020 Preiserhöhungen[137]. Die *Synoid*[138], die im neuen Club *Revier Südost* stattfand, kostete 25 €; der Eintrittspreis für eine auf 85 Plätze begrenzte selektive Party mit Dinner und DJ-Set des DJs Blawan im Sommer 2020 auf dem ehemaligen Flughafen Tempelhof: 200 €[139]. Die Preiserhöhungen sind nicht allein auf die Gesundheitskri-

137 Im Sommer 2020 stieg der Preis des Flaschenbiers in einigen Clubs wie Else von 3,5 Euro auf 4,5 Euro, eine Erhöhung um fast 30 %.

138 https://www.residentadvisor.net/events/1427944

139 »Family Style Dinner mit passendem Getränke (sic!)«: https://www.residentad visor.net/events/1419239

se zurückzuführen. Eine Eintrittskarte für das Garbicz-Festival (Polen) kostet 250 € bis 350 €. Das Berghain hatte diesen Wandel bereits gestartet, indem es im Falle eines Wiedereintritts einen Preiszuschlag von 5 € verlangte, wodurch sich die Eintrittskosten auf 23 € beliefen. Auch in Berlin ist Techno als Freizeitbeschäftigung nicht mehr so zugänglich wie früher. Die Clubs sind in Berlin durch die steigenden Mietkosten einem zunehmenden Druck ausgesetzt. Es ist zu befürchten, dass das Ende der Gesundheitskrise mit einem erheblichen Preisanstieg einhergehen wird, was zu einem noch stärkeren soziologischen Ausleseprozess des Techno-Publikums führen würde. Mit anderen Worten: weniger Vielfalt. Ausgehend von einer Subkultur, die ursprünglich für alle offen sein sollte, steht die Techno-Szene vor der Gefahr, bald privilegierten Schichten vorbehalten zu sein. Die Vermehrung illegaler, oft kostenloser oder gegen einen kleinen Beitrag zur Kostendeckung zugänglicher Raves im Sommer 2020, kann in dieser Hinsicht als eine Art demokratische Wiedereroberung durch die Technocommunity analysiert werden, als Forderung einer sozialen Vielfalt und eines erschwinglichen Zugangs zu Techno-Partys.

Tanzen mit Maske verändert auch radikal die Beziehung zur Gemeinschaft und die Techniken des Körpers. In Deutschland ist diese kollektive Freude am Tanzen sogar auf Landesebene durch die Regelung zur sogenannten »Tanzlustbarkeit« gesetzlich etabliert[140]. In einigen Bundesländern gilt auch in der Karwoche ein Tanzverbot, zu dem die beliebte dreitägige Oster-*Klubnacht* im Berghain einen Gegenpol setzt. Im Kontext der Corona-Krise wurde die Abhaltung von unerlaubten Raves mit Geldstrafen von bis zu mehreren tausend Euro geahndet. Diese wilden Partys, wodurch die Jugend ihr Recht auf Tanz und Lust im öffentlichen Raum zur Geltung brachte, zeigen nur allzu gut die gemeinschaftsstiftende Rolle des Tanzes: die Gemeinschaft bildet sich im Tanz und in jeder Epoche der Menschengeschichte haben sich die Kulturen durch unterschiedliche

140 Eine »Tanzlustbarkeit« liegt vor, wenn mehrere Personen an einem Gruppentanz teilnehmen, unabhängig davon, ob die Veranstaltung im Voraus angekündigt wurde oder spontan entstanden ist. Hat der Gastgeber keine Erlaubnis zum Tanzen, soll der Tanz nach § 33b der Gewerbeordnung des jeweiligen Bundeslandes unterbrochen werden.

Tanzriten ausgezeichnet. Die Realität vor Ort zeigt im Falle der Techno-Kultur, dass das gemeinsame Tanzen mit sozialer Distanzierung und Hygienemaßnahmen schwer vereinbar ist. Diese Frage hat das Berliner Queer-Kollektiv »Lecken« in seinem Fanzine *Cancelled 2020* aufgeworfen. Als Reaktion auf das Tanzverbot entwickelte eines ihrer Mitglieder, Maria F. Scaroni, »Techno-Drift«, eine Art stillen Tanz, in der die TänzerInnen mit Kopfhörern – wie in einer *Silent Disco* – der gleichen Musik zuhören und gleichzeitig durch die Berliner Straßen bis zum Tempelhofer Feld »driften«, in der Tradition der Ekstase durch Tanz, die in heidnischen oder indigenen Kulturen praktiziert wurde[141]. Dieses »Zusammendriften« sei zu betrachten, so die deutsch-griechische Dramaturgin und Tänzerin M. Tsomou, als »ein Ritual der Heilung, ein Covid-taugliches Medikament zur Linderung der psychischen und physischen Auswirkungen von sozialer Distanzierung, Isolation, Desorientierung. Ein Requiem an den Dancefloor, als kollektive Trauer- und Feierpraktik«[142]. Diese Performance, die auf die Aneignung des urbanen Raums durchs Tanzen abzielt, dieses Eintauchen der driftenden Körper in den Körper der Stadt lässt sich zweierlei interpretieren: es handelt sich um eine Kritik an der Entfremdung einer Gesellschaft, in der Tanzen nun verboten ist; eine poetische Visualisierung von Trauer und Nostalgie in einer mundtoten, zum Erliegen gebrachten Stadt. Trauer über die verschollenen Utopien des Körpers, die in der Techno-Party zum Ausdruck kommen auf der einen Seite; auf der anderen Seite, »Hainweh«, die Sehnsucht nach dem Berghain, also im weiteren Sinne die Nostalgie der alten tanzenden Welt.

---

141 Siehe Tsomou, Margarita, *Techno Drift*, in *Goethe Institut Redaktion*, September 2020. https://www.goethe.de/ins/us/en/kul/liv/21984025.html

142 Tsomou, Margarita, Der Techno Drift, in Goethe Institut, Sept. 2020. https://www.goethe.de/ins/us/de/kul/liv/21984025.html

Hainweh

Der krasse Mangel an sog. »Tanzlustbarkeiten« seit dem Frühling 2020 führte die Raver dazu, die Sache eigens in die Hand zu nehmen und wilde Partys selbst zu veranstalten. Spontane Partys wie die in der Hasenheide in Berlin zogen jedes Wochenende Hunderte bis Tausende von Ravern an. Andere wurden lange im Voraus und akribisch vorbereitet, dann in letzter Minute angekündigt und funktionierten nach dem Prinzip der Free Partys der Neunziger Jahre: freiwillige Beteiligung aller, Mundpropaganda, Ankündigung der GPS-Koordinaten der Party-Location im letzten Moment per Telegram oder durch verschlüsselte Nachrichtenübermittlung. Was darauf hindeutet, dass die Grenzen zwischen den Akteuren der Berliner Techno-Szene – Publikum/DJs/Partyveranstaltern – sehr porös sind. Ganz der DIY-Tradition der Free Partys entsprechend, die vom Amateurismus bis zu hoher Professionalität, von einer einfachen tragbaren Soundbox bis zu einem Funktion-One-Soundsystem gehen kann, vermischen sich die Funktionen der einzelnen Akteure. Dieser Rückgriff im Sommer 2020 auf die Tradition der illegalen Raves führt uns zurück in die Zeit, als in den 1990er und 2000er Jahren[143] polizeiliche Repressionen und Anti-Rave-Regelungen die englische und französische Jugend trafen. Die Größe dieser illegalen Raves im Berliner Umland variierte zwischen 50 und 300 Personen und versammelte manchmal sogar noch mehr Leute. Dabei zeugten die Raves von einem unterschiedlichen Maß an Professionalität, je nach der Erfahrung der beteiligten Veranstalter. Diese geheimen Partys wurden von den etablierten Akteuren des Clubsektors teilweise kritisiert, weil sie sich

143 Lionel Pourtau, Techno : une subculture en marge, Paris, CNRS Éditions, 2012. Zu diesem Thema vom selben Autor: «Les interactions entre raves et législations censées les contrôler», in Déviance et Société 2005/2 (Bd. 29), S. 127–139. Im Vereinigten Königreich wurde 1994 das Criminal Justice Bill verabschiedet, das Versammlungen von mehr als 10 Personen zum Zweck des Anhörens von repetitiver Musik verbietet. Im Jahr 2001 wurde eine ähnliche Verordnung des konservativen Abgeordneten (RPR) Thierry Mariani verabschiedet. https://www.lemonde.fr/politique/article/2019/10/23/de-pasqua-a-mariani-depuis-trente-ans-c-est-la-meme-chose-les-organisateurs-de-rave-parties-inquiets-d-un-durcissement-de-la-loi_6016613_823448.html

nicht an ein strenges Gesundheitsprotokoll hielten und eine vermeintliche, unlautere Konkurrenz für die wirtschaftlich gefährdeten Clubs darstellten. Die Teilnahme des Techno-Publikums an diesen inoffiziellen Techno-Partys schloss aber die Solidaritätswelle und die Teilnahme an offiziellen Techno-Veranstaltungen nicht aus. Diese Raves haben sich als wichtiger Nährboden für DJs und Kulturschaffende der Berliner Techno-Szene herausgestellt. Insofern haben sie die Karten der Techno-Landschaft neu gemischt und zum Aufkommen junger DJs in einem äußerst kompetitiven Umfeld demokratisch beigetragen, denen die Möglichkeit bisher kaum gegeben war, außerhalb der etablierten Booking-Agenturen vor einem Publikum aufzulegen. Die Vermehrung dieser wilden Raves, die oft von der Polizei unterbrochen wurden, ist eine direkte Antwort auf den Mangel an kollektiven Tanzmöglichkeiten. Sie betont damit die aktive Rolle des Techno-Publikums und seinen Wunsch, seine treibende Rolle in der Szene geltend zu machen. Sie unterstreicht auch, wie wichtig der Tanz als Geselligkeitsfaktor für die Entwicklung des Menschen ist und dass er gleichbedeutend mit Kreativität und kultureller Vitalität ist. Die Berliner Techno-Community hat Eigeninitiative und Dynamismus gezeigt, um verlassene und vergessene Territorien aufzudecken. Der Begriff *Hainweh*, ein Neologismus, der diese Sehnsucht nach dem Berghain bezeichnet, bringt uns in dieser Hinsicht zur ursprünglichen Bedeutung des Wortes *Hain* zurück, d. h. zur Sehnsucht nach dem Gehölz, nach dem lichten Wäldchen, nach der Lichtung, wo Tänze der Urvölker und heidnische Tänze, Sonnenwendtänze, schamanische Tänze und Reigen stattfanden, bis zu den Tanzbewegungschören von Rudolf von Laban, wie sie zu Beginn des 20. Jahrhunderts auf dem Monte Verità von Sonnenuntergang bis Sonnenaufgang praktiziert wurden[144]. Die Techno-Community bemächtigte sich leerstehender Räume: Ufer und Wälder, die einen idealen Rahmen für die Kosmose anbieten, d. h. für die

144 Siehe G. Robin, L. Collard, B. Andrieu. Les choeurs en mouvement: une analyse de la pratique au regard de ses tentatives d'instrumentalisation idéologique. Presses de l'Harmattan. Apprendre de ses gestes, De la santé motrice au bien-être, Sous la direction de Bernard Andrieu et Luc Collard, 2017, 978-2-343-12666-1 (hal-02956865).

immersive Erfahrung des Körpers in der Natur (Andrieu 2017[145]), Bunker aus dem zweiten Weltkrieg, verlassene Krankenhäuser, alte Industriegebäude und baufällige Chemiewerke: alles Orte, die man sich durch eine Schnitzeljagd verdienen muss, durch einen Umweg durch Büsche, über Hecken, Bretterwände, durch Schlupflöcher in Zäunen und Mauern. In der Organisation dieser illegalen Raves steckte viel mehr als der Ausdruck einer hedonistischen und unbewussten Jugend, die, so die »Moralunternehmer« im Sinne von H. Becker, ungeachtet der Gesundheitsrisiken »auf die Pauke hauen« würde[146]. In dieser Bereitschaft zur feierlichen Eroberung des Raums findet man die gleiche Dynamik, wie nach dem Fall der Berliner Mauer, als leerstehende Gebäude von der Berliner Jugend besetzt und umgewandelt wurden. Diese Begeisterung und Inanspruchnahme des Raums haben die Technokultur seit ihrer Entstehung geprägt, als die ersten Clubs in stillgelegten Fabriken eröffnet wurden: in Warenhäusern, Mietskasernen (*Die Wilde Renate*), Schuppen (*Ostgut*), in ehemaligen Elektrizitätswerken (*E-Werk, Berghain*, der neue *Tresor*), Kellern wie dem Tresorraum des alten Wertheim-Kaufhauses (der alte *Tresor*), in ehemaligen Bunkern wie der gleichnamige Club (*Bunker*), wo heute die Boros-Stiftung untergebracht ist. Unter diesem Gesichtspunkt lässt sich zwischen 1989 und 2020, vom Heizkraftwerk des Berghains bis zum Industriegebäude der ehemaligen Brauerei Bärenquell, in dem sich der neu eröffnete Club *Revier Südost* niedergelassen hat, eine historische Kontinuität im Eroberungsprozess des städtischen Raumes beobachten. Dieser Prozess ergibt sich aus dem Willen der Akteure der Techno-Szene, das 1968 von Henri Lefebvre thematisierte

145 Andrieu, B. (2017), Se fondre dans la nature, figures de la cosmose, Cosmotique 1, Liber. In diesem ersten Band befasst sich Bernard Andrieu mit drei Formen der Immersion des Körpers, nämlich der Kosmose (Immersion in die Natur), der Dismose (Immersion in die Technik) und der Osmose (Immersion in andere).

146 Dieser Ausdruck ist dem französischen Polizeipräsidenten von der Region Centre-Val de Loire Pierre Pouëssel entlehnt, der im Oktober 2020 der französischen Jugend mit einer veralteten Redewendung erklärte, die Sarkasmus auslöste: »La bamboche, c'est fini« (»Die Zeit, wo man auf die Pauke haute, ist vorbei«). Siehe https://blogs.mediapart.fr/c-est-nabum/blog/261020/tout-sur-la-bamboche

»Recht auf Stadt« zur Geltung zu bringen[147]. Die Forderung nach der Eröffnung eines Clubs im Kontrollturm des inzwischen geschlossenen Flughafens Tegel scheint aus dieser Perspektive weniger eine Utopie zu sein, als ein legitimes, mit dem Recht auf Stadt verbundenes Verlangen. Die Pandemie hat den Wunsch der Menschen nach Tanz und Geselligkeit nicht erstickt. Sie hat ihn nur allzu bekräftigt[148]. Genauso wie vor dreißig Jahren haben diese geheimen Techno-Partys zur Entdeckung und vorübergehenden Besetzung vergessener Räume am Rande Berlins geführt, teilweise geschützt vor den Augen und Kontrollen der Polizei. Sie haben die urbanen Randgebiete um Berlin von Buch nach Zossen, von Henningsdorf nach Erkner kreativ aufgewertet und in diese »anderen Orte«, im Sinne von Foucault, verwandelt. Mit anderen Worten: Sie haben sie in Tanzräume, in Räume des Begehrens und des Aufbegehrens umgewandelt.

Resist-dance

Das Aufkommen dieser Mund zu Mund-Raves führte dazu, das Techno-Publikum wieder in den Mittelpunkt der politischen Debatte zu rücken, aus der Tanzfläche ein Spielfeld für Ideen zu machen. Hinter dem Hedonismus der Techno-Szene entlud sich ein demokratischer Protest, der das beschlagnahmte Territorium für sich beansprucht. In den letzten Jahren ist das Nachtleben zu einem öffentlichen Raum für Forderungen geworden. Lange Zeit wurde die Technoszene ausschließlich aus dem Blickwinkel der

---

147 Das Recht auf Stadt wird von Lefebvre als ein für die Demokratie konstitutives Grundrecht definiert und beruht auf dem Prinzip, dass Städte für alle zugängliche Gemeinschaftsgüter sind.

148 Diese Tatsache hat der Berliner Senat anerkannt. Der Kultursenator Klaus Lederer scheint sogar diesen kollektiven Wunsch sehr ernst genommen zu haben und hat das Projekt »Draußenstadt« eingeleitet. Dieses zielte darauf ab, unter anderem im Lichtenberger Industriegebiet, Flächen zu identifizieren, auf denen Partys unter freiem Himmel möglich wären. Dort wurde ein erster »Safe-Rave« toleriert. Siehe https://www.berlin.de/ba-lichtenberg/aktuelles/pressemitteilungen/2020/pressemitteilung.989713.php

Gesundheitspolitik und der inneren Sicherheit betrachtet. Im Nachbarland Frankreich fällt die Clubszene nicht unter die Zuständigkeit des Kulturministeriums, sondern untersteht weiterhin den Verordnungen des Innenministeriums und der Polizeipräsidenten. Das Land Berlin hat diesen historischen Fehler nicht begangen und übersieht nicht die kulturelle Bedeutung der Techno-Subkulturen. Aus wirtschaftlichen und kulturellen Gründen hat der Berliner Senat begriffen, dass diese Frage des Clubbetriebs weit über den engen Rahmen der inneren Sicherheit und Gesundheit hinausgeht. Am 29. Oktober 2020 stellte der Bundesfinanzhof klar, dass DJ-Sets als »musikalische Darbietung« einem Konzert gleichkommen, also dass Techno als Musik und DJs als Künstler anerkannt werden sollen[149]. Techno als Kultur anzuerkennen und als solche zu fördern läuft darauf hinaus, ein gewisses Gesellschaftsmodell zu beanspruchen. Seit mehr als dreißig Jahren ist Techno, jenseits der Kulturinstitutionen, eine Quelle subkultureller Authentizität und kultureller Vielfalt, eine Alternative zur Mainstream-Kultur, die von den drei Majors der Musikindustrie (Universal, Sony, Warner) und den dominierenden Streaming Plattformen wie Deezer und Spotify gefördert wird. Das markierte schon zu Beginn der Techno-Bewegung das Engagement des Labels und DJ-Kollektivs aus Detroit *Underground Resistance*, dessen Motto sich gegen die Major-Plattenfirmen, die Ghettoisierung und die Segregation der Afroamerikaner in Amerika, sowie im weiteren Sinne gegen das sogenannte *Programming* erhebt[150]. Die Technoszene unterscheidet sich davon durch ihre eigene subkulturelle Ökonomie (Kühn, 2016), eine lokale Verankerung und ein dichtes Netzwerk von Clubs, un-

149 Die Berliner Clubs müssen nun – statt 19 % – 7% Steuer bezahlen. Damit wird die frühere Entscheidung des Berliner Finanzgerichts bestätigt, das Berghain als Kultureinrichtung einzustufen.

150 Sven Schäfer, Jesper Schäfers & Dirk Waltmann: Techno Lexikon, Schwarzkopf & Schwarzkopf Verlag, 1998. »Programming bedeutet, dass das System – und damit ist der gesamte Komplex von Staat, Öffentlichkeit und Wirtschaft gemeint – die Bürger zu seinem Vorteil programmiert. Durch Schulbildung, Erziehung, Werbung und auch Gesetze wird das Volk in eine funktionierende Maschine umgewandelt. Der Mensch wird von seinen Einflüssen, die auf ihn einwirken, indoktriniert, so daß er den Richtlinien der Gesellschaft Genüge tut, und sie so am Leben erhält.«

abhängigen Labels und Plattenfirmen, Plattenläden, Booking-Agenturen und eine kollektive Verteidigung ihrer Interessen am Beispiel der Berliner Club Commission. Kurzum findet hier der Kampf um eine kulturelle und wirtschaftliche Ausnahme statt, gegen die Verarmung der kulturellen Vielfalt, die durch die Unterhaltungsindustrie bewirkt wird. Die künstlerische Kreativität, die die Techno-Subkulturen kennzeichnet, hat seit der Wende aktiv und weltweit zur kulturellen Ausstrahlung Deutschlands beigetragen. Der Ruf des Berliner Nachtlebens im Ausland fegte die abgenutzten Stereotypen über Deutschland weg und ersetzte im kollektiven Bewusstsein der Weltjugend die Berliner Mauer größtenteils durch das Berghain. Das Techno-Publikum ist keine hedonistische, unbekümmerte und verantwortungslose abstrakte Masse, wie die Moralunternehmer behaupten. Die Akteure der Techno-Kultur haben seit den späten 1980er Jahren ein echtes politisches Bewusstsein entwickelt, das auf mehreren historischen Gegebenheiten beruht: Beginnend mit dem Kampf der jungen Generation in England und Frankreich, um ihr Recht auf Feier-Versammlungen im öffentlichen Raum gegen Polizeirepression und Anti-Rave-Regelungen. Das Eigeninteresse der Berliner Jugend und der Clubs ist oft mit der Forderung des Rechts auf Stadt verbunden. So hatte die *Bar 25* gegen ihre bevorstehende Schließung ihre Stammgäste dazu aufgerufen, das Spreeufer für alle zu verteidigen und an Demonstrationen der Initiative »Mediaspree versenken« aktiv teilzunehmen; der Protest-Rave 2019 gegen den Weiterbau der Stadtautobahn A100 durch Treptow, Friedrichshain und Lichtenberg (Aktionsbündnis A100 stoppen); die Kundgebung #saveourspaces 2020 gegen die Schließung der Griessmühle im Interesse von Privatinvestoren; die grundlegende Ablehnung jeder Form von Diskriminierung Gender- und ethnischer Minderheiten, die in der antirassistischen und kosmopolitischen Kultur der Techno-Szene Wurzeln schlägt; das Organisieren von offiziellen Raves im öffentlichen Raum gegen den Aufstieg des Rechtsextremismus in Deutschland wie die Initiative »AfD Wegbassen« im Jahr 2018 oder im November 2020, die Demonstration »Techno-Procesja« unter dem Motto »If I can't dance, it's not my revolution«, die auf dem Hermannplatz in Berlin organisiert wurde, um die Frauenselbstbestimmung zu verlangen und gegen die Abschaffung des Rechts auf Abtreibung in Polen zu protestieren. Wie

V. Carry in einer bissigen Replik an die französische Kulturministerin bemerkt[151]: »Der Dancefloor ist wieder zu einem politischen Ring geworden, einem Feld, auf dem die Debatte, von MeToo bis Black Lives Matter, weit über die künstlerischen und ästhetischen Herausforderungen hinausgeht, weit über die Fragen des Überlebens einer Szene oder die Freiheiten und Zwänge des Nachtlebens selbst.« Die Geschichte der Techno-Gemeinschaft ist auch nicht vom Kampf der LGBT+-Gemeinschaft um ihre Rechte und vom tiefen sozialen Wandel, den dieser verursacht, zu trennen. Von Tiflis bis zum Iran[152] findet der *resist-dance* gegen die Gefahren eines sicherheitspolitischen Abdriftens über die Grenzen hinweg ein universelles Echo im Nachtleben und auf dem Dance Floor. Denn die Räume der Clubs oder der Raves sind »andere Räume« und auch deshalb Formen der Gegenmacht gegenüber kulturellen Institutionen und herrschenden Normen. Die Techno-Subkulturen zeigen, dass das Feiern und das politische Engagement nicht als antinomisch zu betrachten sind. Jener Raum für Gemeinschaft, den die Tanzfläche darstellt, trägt zur Entstehung eines ungemein starken politischen Bewusstseins bei, insbesondere in Krisenzeiten, in denen individuelle und kollektive Freiheiten sogar in den demokratischen Ländern eingeschränkt werden. All dies beweist, wie sehr Techno in Berlin der Raum eines postmodernen Aktivismus sein kann und wie sehr die Clubszene als Körperlabor auf diesen Kampf um kulturelle und soziale Vielfalt vorbereitet. Die Techno-Subkulturen haben zur gesellschaftlichen Debatte in Zeiten der Coronakrise angestoßen und die Fragen nach dem Recht auf Stadt sowie nach der Notwendigkeit eines kollektiven Widerstands gegen die Entziehung des Grundrechts auf Tanz umso akuter werden lassen. *Resist-dance* als Mahnung und Aufruf – wie dieses während des Lockdowns auf dem Vorplatz des Berghains gesprühte Graffiti (Abb. 3).

151 Carry, Vincent, «La nuit est un espace de création et d'effervescence démocratique», in Libération, 26.10.2020.

152 Siehe der deutsch-iranische Film Raving Iran (2016), Buch und Regie: Susanne Regina Meures.

Abb. 3: »Resistdance«, Fassade des Berghains

Closing

»Beim Closing stand ein Mädel vor mir. Plötzlich hat sie mitten auf der Tanzfläche gepinkelt. Sie hat mir erklärt, dass sie den letzten Track auf keinen Fall verpassen wollte.« (B., Frankreich)

»Was mich am meisten beeindruckt hat, war diese Art Explosion in meinem Kopf. Ich habe gleichzeitig geweint und gelacht. Es ist mir mehrmals in der Öffentlichkeit passiert und es ist mir völlig egal, was die Leute in diesem Zeitpunkt über mich darüber gedacht haben. Als ob ein Regen von roten Herzen plötzlich vom Himmel fiele. Ich fühlte sich wie in einem Film.« (A., Deutschland)

»Einmal hat Boris ein sensationelles Closing gemacht. Eines meiner besten Closings. Boris kam am Ende seines Sets auf die Tanzfläche, um mit uns zu tanzen. Alle hielten sich in den Armen, waren voller Positivität und Liebe. Es war ein Moment der reinen Osmose.« (L., Kirghizistan)

Zurück auf die Tanzfläche. Das Closing findet in der Regel am Montag gegen Mittag statt, manchmal später, und es schließt ein 10- bis 12-stündiges Marathonset ab. Die Atmosphäre ähnelt dem Ende eines Balls, fröhlich und bedrückend zugleich. Eros, der Gott der Liebe, und Thanatos, Gott des Todes, geben sich die Hand. Die Bars schließen nacheinander. Zuerst die Ice Bar, dann die Panorama Bar und die Säule. Darauf folgt die Klobar und schließlich die große Berghain-Bar und zuletzt die Tanzfläche. Am Montagmorgen lichtet sich die Menge. Der Abstand zwischen den Tanzzenden wird größer. Die Lichter gehen allmählich wieder an, dann verklingt die Musik. Die Heterochronie der Party wird unterbrochen und bis zur nächsten *Klubnacht* ausgesetzt. Wie das Wesen der Begierde, die durch ihre Befriedigung ihren Zweck – und somit ihr eigenes Ende – sucht, strebt die

Klubnacht nach ihrem eigenen Untergang. Ein musikalisches Kontinuum das, den alten Bacchanalien ähnlich, bis zu 36 Stunden – oder gar 72 Stunden anlässlich der Ostgut-Ton Labelparty, der Geburtstagsfeier des Berghains und zum Jahreswechsel – andauert. Es kann aus der Perspektive eines zyklischen Prozesses betrachtet werden, in dem jedes Closing der *Klubnacht* ein Ende setzt und den nächsten Zyklus ankündigt. Im Berghain drückt sich der Wunsch aus, sich selbst zu vergessen, sich in die Welt zu versenken, aus dem Selbst herauszugehen, um mit dem Kosmos zu verschmelzen. Dieses Gefühl, das auch der Ausgangspunkt aller spirituellen Erfahrung ist, verdichtet sich in diesem Moment. Das Berghain schafft es – vielleicht wie kein anderer Club – Rausch, Musik, Tanz, Trance und die Betrachtung des Eros in einer Raumzeit zu vereinen. Die Tänzerinnen und Tänzer erleben in dieser *ék stasis*, wortwörtlich in diesem momentanen Ausstieg aus sich selbst, eine intensive Lust, eine Art Verzückung, die in gewisser Weise einer Form der Meditation gleicht. Zweifellos ist eine gewisse Freude, die man im Moment des Closings empfindet, auch der durchlebten körperlichen Anstrengung geschuldet. Im extremen Körperaufwand und im Orgiastischen manifestiert sich eine Politik der Erschöpfung der Körper. Die Tänzerinnen und Tänzer vom Berghain kennen die Glückseligkeit des Closings nur deshalb, weil sie auch die Müdigkeit und den tiefen Schmerz einer langen körperlichen Anstrengung gespürt haben. Das Miterleben des Closings, das durch die Einnahme von Substanzen deutlich erleichtert wird, ist natürlich keine ausschließliche Frage der Körperleistung, aber benötigt eine Steuerung der körperlichen Prozesse. Eine sorgfältige Kontrolle des Körpers und des eigenen Konsums ist zwingend erforderlich: »Diejenigen, die bis zum Ende durchgehalten haben, sind die Menschen, die ihren Konsum unter Kontrolle haben, sonst können sie das Closing nicht mitmachen.« (A., Deutschland) Aber es gibt auch Tänzer und Tänzerinnen, selig und körperlich erschöpft, bei denen erste Entzugssymptome auftreten, die zittern oder sich übergeben wie am Ende eines Marathonlaufs:

> »Am Ende des Closings habe ich ein super mageres Mädel gesehen. Man konnte nur das Weiße ihrer Augen sehen, sie war auf GHB komatös. Ich habe den Eindruck, dass einige Leute sich selbst provozieren wollen.

> Ich weiß nicht, warum. Ein Todesantrieb, vielleicht ist es das, was sie antreibt. Manchmal greifen die Sanitäter über die kleine Seitentür in den Club ein, weil viele von ihnen an ihre Grenzen zu weit gestoßen sind.« (A., Deutschland)

»Everybody is dead or about to die«, berichtet G. (Brasilien), auf die Stimmung beim Closing angesprochen. S. (Deutschland), bei der das Gefühl beim Closing an ein »Irgendwo zwischen Nirwana und Ohnmacht« erinnert, sieht dies anscheinend ähnlich. Diese Verschmelzung von Eros und Thanatos veranlasst einige Stammgäste, wie M. (Polen), das Closing mit einem »danse macabre« zu vergleichen. Diese im Spätmittelalter populäre Bildgattung zeigt auf allegorische Weise die Lebenden und die Toten zusammen tanzend. Diese Totentänze warnen den Zuschauer davor, wie auf dem Berghain-Flyer von Januar 2018[153], dass Leben und Tod miteinander verbunden sind und niemand, unabhängig von seinem Status, dem Unausweichlichen entgehen kann. Es tanzt die Schönheit mit dem Tod auf diesen Bildern. Zweifellos hätte die Tanzfläche des Berghains am Montagmorgen den Maler Hans Holbein d. J. oder den Dichter Baudelaire inspiriert. So berichtet R. (Frankreich) über seine intensive Erfahrung des Closings, die von einer starken Ambivalenz geprägt ist:

> »Closing in Berghain is very special, it's more about an experience than a time. Some new characters seem to appear from the darkness, the bodies are exhausted, get transformed. I like to describe it as a Monsters Ball in which beauty flirts with ugliness. The dance floor transforms, the space becomes more intimate, the space itself rounder. You have more personal space to dance and express yourself doing so. It has something a little scary to me looking how intense it can go. The vibe lies in what the DJ, as an orchestra master, decides to create. I've seen closing that made me afraid of what I could see and feel from a crowd of beasts. I've seen some that made me cry tears of joy because it was full of love and that made me feel part of something unreal, in which it was all a matter of sharing and love.«

153 https://old.berghain.de/media/flyer/pdf/berghain-flyer-2018-01.pdf

In seiner strahlenden, erotischen Dimension verkörpert das Berghain also diese expansive Dynamik der Begierde, die sich bis zum letzten Track durch die Inszenierung erotisierter Körper manifestiert und sich durch die radikale Bejahung des Körpers vollzieht. In seiner finsteren, thanatischen Seite lässt sich ein Todestrieb erkennen, ein selbstzerstörerisches Streben nach der Selbstaufgabe. Der Körper sucht, seine Grenzen durch Drogen und den selbstlosen Kraftaufwand bis zum Schwindelgefühl zu erweitern. *Vertigo*, die kinetische Bildinstallation Norbert Biskys am Eingang des Berghains, könnte in dieser Hinsicht als eine Warnung an die Lebenden interpretiert werden. Wie Georges Bataille schrieb: »Es steckt in der Sinnlichkeit eine Verwirrung und ein Gefühl des Ertrinkens, analog zu dem Unwohlsein, das der Anblick der Leichen auslöst.«[154]

Eine Ethnografie des Berghain-Stammespublikums lässt sich nicht leicht etablieren. Denn die Umrisse des Techno-Publikums sind nicht nur porös und flüchtig, sondern sie verändern sich auch im Laufe der Zeit. Ursprünglich aus einem schwulen Publikum bestehend, hat sich die Berghainer-Stammkundschaft inzwischen weit geöffnet, was die Frage nach ihrer Beständigkeit und Erneuerung aufwirft. Zweifellos tragen die stark ritualisierte Dimension des Berghains, die Prozesse des Erlernens von Codes und Körperpraxen induzieren, sowie der Bezug zu Gender-Identitäten dazu bei, eine Form der Kontinuität innerhalb des Publikums zu gewährleisten. Das Berghain-Publikum ist ein Spiegelbild Berlins und dem Publikum der Berliner Clubs im Allgemeinen recht ähnlich: sowohl lokal als auch global, denn dazu zählen Berliner, Deutsche wie Nichtdeutsche, aber auch viele regelmäßige Partytouristen, deren Präsenz allein schon darauf hinweist, dass die Liebe zu Berlin und die Zugehörigkeit zu den Techno-Subkulturen stark deterritorialisiert ist. Die Mitgliedschaft in der Szene basiert eher auf einer Gemeinschaft von ästhetischen Vorlieben, Stil und Affekten, die jede Vorstellung von Grenzen und nationaler Zugehörigkeit überflüssig macht. In dieser Hinsicht scheint das Berghain zwischen dem Globalen und dem Lokalen, d. h. dem heterotopischen Berliner Umfeld, zu liegen. Doch das

154 Bataille, Georges, *La littérature et le mal*, 1957, S. 36; Bataille, Georges, *Die Literatur und das Böse*, Matthes und Seitz, 2011.

Techno-Publikum im Berghain ist nicht ganz so wie das von Paris, London oder Amsterdam und auch nicht ganz so wie das anderer Berliner Clubs. Was es auszeichnet, sind mächtige Mechanismen subkultureller Distinktion. Im Vergleich zu den anderen Clubs können wir beobachten, dass die Clubszene selbst eng mit der Mode- und Kunstwelt verbunden ist, daher seine avantgardistische Rolle und der Charakter der Exklusivität, der dem Club als Tonangeber seit den Nuller Jahren anhaftet.

Die soziologische Ambivalenz des Berghains könnte man so zusammenfassen: jedem kann – im Prinzip – der Einlass zum Club verweigert oder erlaubt werden. Der soziale Status verliert zwar seine Bedeutung, aber andere soziologische Determinanten treten an die Stelle. Die soziale Nivellierung, die von den TeilnehmerInnen beansprucht wird, bleibt am Ende eine Illusion. Sie kann nicht darüber hinwegtäuschen, dass man zuerst die Körpertechniken und ästhetischen Codes beherrschen muss, die die soziale Logik dieses »subkulturellen Kapitals« bilden (Thornton, 1995)[155]. Es ist kein demokratischer Akt, dieses Kapital einzusetzen, denn es basiert auf einem langen Lernprozess der Assimilation, aber auch auf Ausdifferenzierung und Ausgrenzung. Indem es die Normen aufrüttelte, um an der Stelle andere Normen durchzusetzen, ist das Berghain ein exklusives Refugium geworden, in dem die Idee der sozialen Mischung zwar mehr als ein hohles Wort ist, aber auch nicht ganz der Realität entspricht.

Es mag verlockend sein, sich die zügellose *Klubnacht* des Berghains, im Sinne von Maffesoli, als eine Wiederkehr in die Zeit der Bacchanalien vorzustellen, wo der unbegrenzte Lebensgenuss und die körperlichen Exzesse den Sieg über eine Ära der Vernunft und des Individualismus, des Risikomanagements und der kleinkarierten Moral zelebrieren würden. Eine solche Interpretation hat den Vorteil, das Feld für anthropologische Fragen zu den Riten und Zugangswegen zur existentiellen *Communitas* zu öffnen. Aber sie überbetont die Exzesse, die dort stattfinden. Die *Klubnacht* im Berghain ist keine kollektive Orgie, in der die Maßlosigkeit und die Affekte die Oberhand zurückgewinnen würden. Das Berghain ist zweifellos

---

155 Thornton, Sarah (1995), Clubcultures Music, Media and Subcultural Capital, Polity Press.

ein Raum der Freiheit wie kaum ein anderer, aber es ist vor allem ein extrem kodifizierter Raum, in dem die Befreiung des Körpers an Selbstdisziplin und starke Kontrollmechanismen gekoppelt ist. Der Klub beruht auf einem sowohl internen als auch externen Überwachungsapparat und fungiert auch als Disziplinarmacht, als Instanz der Bestrafung und Verbannung. Dadurch, dass der Ort nur mit seinem ausgeklügelten System der Überwachung, des Ausschlusses, der Verbote und der Strafen denkbar ist, wird er auch zu einem Ort der Freiheit auf Bewährung.

Die körperliche Befreiung, die es dem Berghainer erlaubt, neue Rolle zu spielen, eine neue Identität anzunehmen, halbnackt wie ein Faun herumzulaufen, ohne Verurteilung zu tanzen oder sogar öffentlich Sexualität zu praktizieren, ist nicht ohne eine starke Verinnerlichung der Selbstzwangsmechanismen möglich. Was Elias die stark kontrollierte »Lockerung der Kontrolle über die Emotionen« nannte, drückt sich hier auf mehreren Ebenen aus: durch die Ablehnung sexistischer und objektivierender heteronormativer Praktiken; durch die Ablehnung von body shaming ; durch die Aufrechterhaltung einer respektvollen Distanz ; durch eine starke Verinnerlichung des Respekts vor dem Körper des anderen ; durch das Festhalten an einer Ethik des gegenseitigen Einverständnisses. In der Beziehung zu Drogen und zum eigenen Körper drückt sich die Selbstkontrolle zum einen in der Stigmatisierung von Verhaltensweisen aus, die zu einem Verlust der Selbstkontrolle führen und somit als soziopathisch angesehen werden können, zum anderen im Durchstehen der körperlichen Anstrengung mittels Kontrolle und Regulierung des eigenen Drogenkonsums und gesundheitsbezogener Kompensationsmechanismen. Wer das nicht tut, setzt sich Lebensgefahren aus.

Das Berghain entspricht dennoch den von Foucault beschriebenen Merkmalen dieser »anderen Orte«. Die zentrale Rolle der Geheimhaltung, die Rituale des Ein- und Austritts, die Abfolge von liminären Räumen, die auf die Aushöhlung des Selbst abzielen, die Plastizität und die Neuzuweisung der Räume im Club, die Heterochronie des Berghain-Festes: all dies trägt dazu bei, dass dieser Club zu einer Heterotopie wird, die den Einzelnen zurück zur Gemeinschaft führt, auch wenn das Stammpublikum sich selbst nicht unbedingt als Gemeinschaft versteht. Wenn sich das Berghain als solches etablieren konnte, dann auch deshalb, weil Berlin seit Beginn des 20. Jahrhunderts ein Nährboden für soziale und gemeinschaftliche Experimente ist. Die Erhaltung dieser städtischen Enklaven ist zu einem brennenden Thema geworden. Das Überleben dieser urbanen Oasen garantiert die subkulturelle Authentizität und die Attraktivität der Stadt in einer Zeit, in der die Gentrifizierung, der wachsende Bedarf an Wohnraum und die Immobilienspekulation mittelfristig das Verschwinden der Clubs zu verursachen drohen. Die Techno-Subkulturen – auch wenn sie die Fähigkeit haben, sich neu zu erfinden (beispielsweise die für kurze Zeit in die Alte Münze umgesiedelte *Griessmühle*) – waren noch nie so sehr gefährdet wie in den letzten Jahren. Die Pandemie hat die Krise der Berliner Technoszene noch verschärft.

Diese bietet am Beispiel des Berghains ein Feld für körperliche Experimente, ein Ausdrucksfeld für die Utopien des Körpers. Dafür muss man sich zuerst von allen Faktoren befreien, welche die Beziehung zum gegenwärtigen Moment parasitieren, um sich wieder mit dem eigenen Körper zu verbinden. Dadurch werden die Emotionen und Empfindungen intensiver und hautnah erlebt. Es geht um den Körper im Hier und Jetzt, um einen Körper, der nur noch in der Unmittelbarkeit des Techno und des Tanzes lebt und spürt; sich selbst verschwinden lassen und hinter der Maske oder dem Schmuck wieder auftauchen; den eigenen Körper inszenieren und eine Geschlechteridentität performen; den Körper durch den Tanz befreien; durch die Trance aus sich selbst heraustreten. Das Berghain gibt den Utopien eines hoch erotisierten, sexualisierten Körpers eine Gestalt. Ein Körper, der sich selbst übertrifft, der unempfindlich gegen Müdigkeit und Schmerz wird und nicht mehr durch sein eigenes Spiegelbild verunsichert wird, wie transzendiert durch die paroxysmale Erfahrung der Trance. Es verleiht den Utopien eine Form, in welcher der Körper performt, sich häutet, neu erfindet und unsichtbar wird. Wie Foucault schreibt: »Es könnte durchaus sein, dass die allererste Utopie und unausrottbarste die eines körperlosen Körpers war. Das Land der Feen, das Land der Kobolde, der Geister, der Zauberer ist das Land, in dem der Körper sich mit Lichtgeschwindigkeit bewegt, in dem man von einem hohen Berg stürzen kann und dennoch heil unten ankommt, in dem man sichtbar ist, wenn man mag und unsichtbar, wenn man es will.«[156]

Das Berghain ist auch nicht der queere Ort, der die Geschlechternormen verdreht oder sich völlig von ihnen lösen würde. Es veranschaulicht eine stark definierte geschlechtsspezifische Subkultur. Die Körperpraktiken des Publikums werden weitgehend von der schwulen Gemeinschaft beeinflusst, die den historischen Kern des Stammpublikums bildet und den Ton für die *Klubnacht* angeben. Das Berghain ist ein von Ambivalenz geprägter Ort. Eher als queer könnte es als ein paradoxer Raum der In- und Exklusion definiert werden, in dem Offenheit immer mit dem Ausschluss eines bestimmten Publikums einhergeht. Die Integration einer zu heteronormierten Kundschaft sowie das Unter-Sich-Bleiben, d. h. die Abschottung einer homonormierten Gemeinschaft, scheinen die beiden Extrempole, die es in der *Klubnacht* zu vermeiden gilt. Die halboffene Einlasspolitik zielt wie ein Regulierungsventil darauf ab, dieses labile Gleichgewicht herzustellen, das bei aller Erneuerung das Weiterbestehen des Stammpublikums gewährleistet. Das Berghain präsentiert sich daher als ein Laboratorium der Geschlechtervermischung, als ein Raum des Zusammenlebens und des Austauschs, als ein Spielplatz für Genderrollen, der auf der Tanzfläche am Beispiel der *Gender Bender*, Drag Queens, Queers und Front-Left-Extravaganten zeigt, dass Identitäten und Geschlechter nicht fixiert sondern sozial performt werden. Damit leitet das Berghain eine Reflexion darüber ein, was eine Menschheit wäre, die nicht jenseits der Geschlechter liegt, sondern von Geschlechtern in ihrer ganzen Plastizität und Interaktionen durchzogen ist. Das Berghain ist ein Ort der Paradoxien, aber es existiert nicht an sich. Es kann nur im gegenwärtigen Moment als ein Gesamtkunstwerk, als ein lebendiges Spektakel und performativer ästhetischer Raum konzipiert werden, der im Dialog zwischen dem DJ und dem Publikum immer wieder neu erfunden wird, wodurch die 130 Beats Per Minute – synchron zum fötalen Herzschlag – uns der uralten Fantasie der Rückkehr in den mütterlichen Schoß näher kommen lassen.

---

156 Foucault, Michel (2005), Schriften in vier Bänden. Dits et Ecrits I–IV, Suhrkamp.

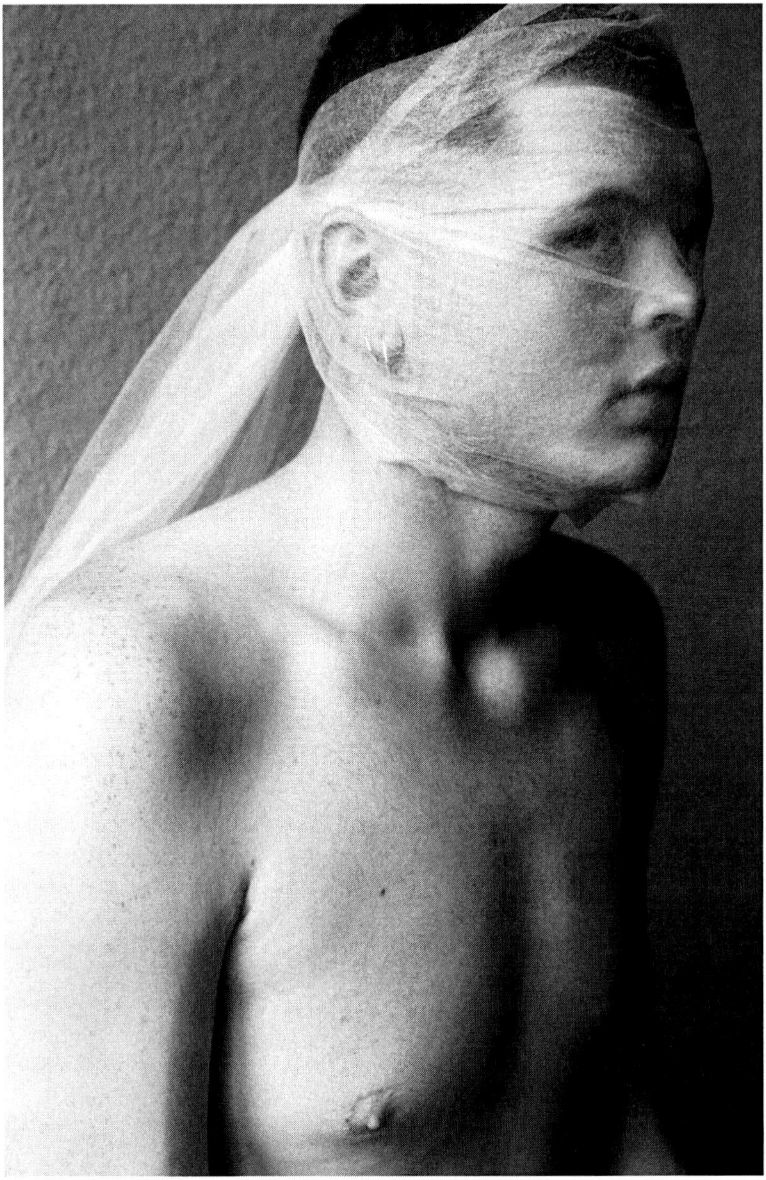

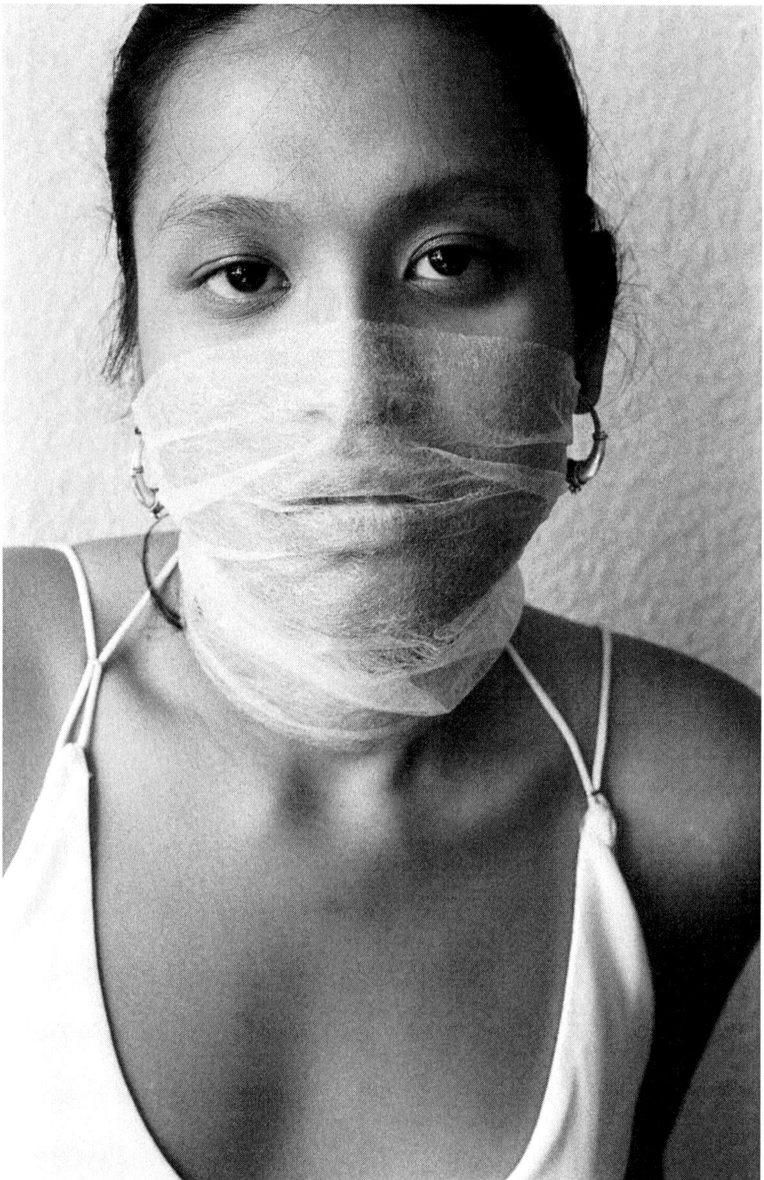

Archiv der Gegenwart by Mike D'hondt

Mit seinem fortlaufenden Foto-Projekt ›Archiv der Gegenwart‹ porträtiert der in Berlin lebende und arbeitende belgische Fotograf Mike D'hondt die Queer- und Gender-fluid-Community. Durch die Verwendung desselben nicht referenzierten Hintergrunds werden die Porträts universell. Die Porträtierten performen ihre Identität als Schauspieler/innen, ohne sich im Dekor zu verlieren, so dass die Aufmerksamkeit der Beobachter/innen auf die Psychologie der Porträtierten gelenkt wird. Mike D'hondt verzichtet auf den Gebrauch von künstlichem Licht, das für Theater und Bühne typisch ist und kreiert somit eine langsame Fotografie. Es geht ihm mehr um eine Sprache als um eine Technik. Daher bezeichnet er seine Fotografie als post-konzeptionell. Ein wiederkehrendes Thema in seinen Porträts sind die Masken und Schleier. Sie stehen gleichzeitig für Schutz und Verführung. Sie enthalten auch eine doppelte, widersprüchliche Funktion: man kann sich hinter ihnen verstecken, aber gleichzeitig kann der/die Porträtierte durch die Maske ganz er/sie selbst sein.
Contact: dhondtmike@gmail.com
Instagram: @mike_dhondt

DANKSAGUNG

Bedanken möchte ich mich bei allen Berghain-Freundinnen und -Freunden, die sich Zeit genommen haben, an den Gesprächen teilzunehmen, die Umfragebögen zu beantworten: Julien, Marta, Michał, Joasia, Baptiste, Oriane, Alex, William, Agathe, Laure, Tobias, Aurélie, Ilina, Pierre, Nadya, Ardalan, Nina, Clémence, Alina, Sebastian, Stanislas, Ceca, Sveta, Damiano, Sabrina, Iana, Lisa, Arthur, Eulalie, Poly, Andriana, Arlo, Fanny, Miles, Eva, Bettina, Maren, Rose, Claire, Mama Africa, Ben, Pit, Jelena, Alicja, Jermaine, Chad, Crista, Christin und ihr Freund, Haein, Matteo, Diego, Moritz. Mein ganz besonderer Dank geht an Jean-Louis Georget und Bernard Andrieu für ihre Unterstützung, an Mike für die Poesie seines photographischen Werks, an Jessica für die Ausarbeitung der Fragebögen, an Céline, Henri, meine Eltern sowie an Andreas Kessel und Jenny Bussek für die zahlreichen, akribischen Korrekturarbeiten.

BIBLIOGRAPHIE

ANDRIEU Bernard, *Se fondre dans la nature, figures de la cosmose – Cosmotique Tome 1*, Liber, 2017.

ANDRIEU Bernard, *La BD SM – Comment s'agenrer,* Editions le Murmure, Collection Borderline, 2019.

BATAILLE Georges, *La Part maudite*, Paris, Minuit, 1967.

BATAILLE Georges, *La Littérature et le Mal*, 1957.

BECKER Howard, *Outsiders – Etudes de sociologie de la déviance*, Editions Métailié, 1985.

Berghain Kunst im Klub/art in the club book (2015), Hatje Cantz.

BOURDIEU, Pierre (1979), La Distinction, Paris, Minuit, 1979.

BUTLER, Judith (2006), *Gender trouble*, Routledge.

BUTLER, Judith (1997), *Excitable Speech: A Politics of the Performative*, Routledge.

BUTLER, Judith (1988), *Performative Acts and Gender Constitution: An Essay in Phenomenology and Feminist Theory.*

DURKHEIM Emile, *Les formes élémentaires de la vie religieuse*, 1915.

ELIAS Norbert, *La civilisation des mœurs*, Agora, Pocket, 1939, réédition 2011.

ESQUENAZI, Jean-Pierre, *Sociologie des publics*, Editions La Découverte, Collection: Repères, 2009.

FOESSEL, Michaël, *La Nuit. Vivre sans témoin*, Editions Autrement, Les grands mots, 2018.

FOUCAULT, Michel (2005), *Schriften in vier Bänden. Dits et Ecrits I-IV*, Suhrkamp.

FOUCAULT, Michel (2019), *Le Corps utopique, Les Hétérotopie*s, Lignes.

GOFFMAN Erwin,*La mise en scène de la vie quotidienne 1: La présentation de soi*, Les éditions de Minuit, 1973.

GOFFMAN Erwin, Stigmate: les usages sociaux des handicaps, Les éditions de Minuit, 1975.

HITZLER Ronald, PFADENHAUER, Michaela, *Techno-Soziologie: Erkundungen einer Jugendkultur,* Springer, 2001.

KLEIN Gabriele, *Electronic Vibration: Pop Kultur Theorie,* Springer, 2004.

KÜHN Jan-Michael, *Die Wirtschaft der Techno-Szene: Arbeiten in einer subkulturellen Ökonomie*, Springer 2016.

LE BRETON David, *La sociologie du corps* (9ème édition), PUF, 2016

LE BRETON David, *Le tatouage ou la signature de soi*, Casimiro, 2016.

MAFFESOLI Michel, *Le Temps des tribus: Le déclin de l'individualisme dans les sociétés postmodernes*, Poche, 2000.

MAUSS, Marcel, *Die Techniken des Körpers*, in: Soziologie und Anthropologie, Bd. 2, München 1974, S. 197– 220.

TURNER Victor W. *Le phénomène rituel*, PUF, 1990.

RAPP Tobias, *Lost and Sound: Berlin, Techno and the Easyjetset*, Suhrkamp, 2009.

ROBIN, Guillaume, *Berghain – Berlin Bacchanales*, Editions Le Murmure, Collection Borderline, 2021.

SAVAGE Jon, *Machine soul, une histoire de la techno*, Editions Allia, 2011

SCHWANHÄUßER Anja, *Kosmonauten des Underground – Ethnografie einer Berliner Szene*, Campus, 2010.

SCHULZ Jorinde/KILIAN Jörg, *Die Clubmaschine: Berghain*, Textem Verlag, 2018.

SICKO Dan, *Techno rebels*, Editions Allia, 2019.

STUDIO Berlin Berghain, Ausstellungskatalog, Herausgeber Boros Foundation, Distanz Verlag, 2020.

THORNTON, Sarah, (1995), *Clubcultures Music, Media and Subcultural Capital*, Polity Press.

VAN GENNEP Arnold, Les rites de passage, Picard Histoire, 2011.

VAN THÜLEN Sven, DENK Felix, *Der Klang der Familie: Berlin, Techno and the Fall of the Wall*, Editions Allia 2013.

ARTIKEL

Biehl, B., vom Lehn, D. Four-to-the-Floor: The Techno Discourse and Aesthetic Work in Berlin. *Soc* 53, 608–613 (2016).

DARTIGUENAVE Jean-Yves, «Rituel et liminarité», in Sociétés 2012/1 (Nr. 115), S 81–93

DÜNNE Jörg/GÜNZEL Stephan (Hg.) Foucault, Michel (1967): Von anderen Räumen. In Raumtheorie. Grundlagentexte aus Philosophie und Kulturwissenschaften. Suhrkamp: Frankfurt/Main, 2006.

FOESSEL, Michaël, Berlin : voyage aux marges du capitalisme contemporain, in Esprit 2011/11, S. 114–126.

GARCIA, L-M., »At home, I'm a tourist: Musical migration and affective citizenship in Berlin«, 2015/6/1, *Journal of Urban Cultural Studies*, Vol. 2, S. 121–134.

GARCIA L.M., in Dreams of Germany. Musical Imaginaries from the Concert Hall to the Dance Floor. Edited by Neil Gregor and Thomas Irvine. 320 pages, 14 illus., bibliog., index, S. 76–77.

GARCIA, L-M. «Techno-Tourism and Post-industrial Neo-Romanticism in Berlin's Electronic Dance Music Scenes, In: *Tourist Studies,* 2015, 16, 3, S. 258–275.

GLAD Vincent, Le Berghain à Berlin et l'éthique du «no photos», in *Libération*, 06.12.2017.

HENSCHEL Robert, Andere Orte, Andere Körper – Zum Verhältnis von Affekt, Heterotopie und Techno im Berghain, in *Samples,* Online-Publikationen der Gesellschaft für Popularmusikforschung/ German Society for Popular Music Studies e. V., 03.2015.

HORST Laura, *Communitas und Anti-Struktur in der Hippie-Bewegung. Werte der Bewegung, Kommunenleben, Festival-Kultur, Drogengebrauch und Spirituelles*, München, GRIN Verlag, 2012.

KAKAIRE Christine, A space to be yourself: The rise of safe space partie, in *DJ MAG*, 09.2019.

LORENZI M.E., «Queer», «transpédégouine», «torduEs», entre adaptation et réappropriation, les dynamiques de traduction au cœur des créations langagières de l'activisme féministe, in *Glad, Revue sur le langage, le genre et les sexualités*, 02.2017.

MAHLISCH Ralf, Eine Analyse des Techno-/Houseclubs Berghain nach Foucaults Konzept der » Anderen Räume« Ralf Mahlich. Hirnkost 2014.

MARDAS, M. (2016). *Le Berghain: une hétérotopie ?* Masterarbeit in Soziologie, Université de Nanterre, nicht veröffentlicht.

JOHNSON, Graham, 2016, «Post-Ritual Space: Berghain», in *Suspended Reason.* https://suspendedreason.com/2016/12/23/post-ritual-space-berghain/

REED, Christopher. 1996. »Imminent domain. Queer space in the built environment«. Art Journal, vol. 55, no 4, p. 64–70, ici p.64.

ROBIN, Guillaume, Robin. G. (2020) Du Maschinen-Mensch au Mensch-Maschine: la techno comme outil pour repenser les liens du corps et de la machine, in Dahm, Lambertz-Pollan, Roudaut et Terrisse (dir.) (coll.). Machines/Maschinen. Les machines dans l'espace germanique: de l'automate de Kempelen à Kraftwerk, Rennes, Presses Universitaires de Rennes.

ROBIN, Guillaume, «Queeriser l'esthétique» (2021) Queeriser le dance floor – Des normes esthétiques et de leur détournement dans l'espace du Berghain », in *Figures de l'art.*

SIMMEL Georg, Psychologie des Schmuckes, in *Der Morgen. Wochenschrift für deutsche Kultur,* begründet und hrsg. von Werner Sombart zusammen mit Richard Strauß, Georg Brandes und Richard Muther unter Mitwirkung von Hugo von Hofmannsthal, 2. Jg., No. 15 vom 10. April 1908, S. 454–459, Berlin.

SOULE Bastien, Observation participante ou participation observante? Usages et justifications de la notion de participation observante en sciences sociales, in *Recherches qualitatives* Vol.27(1), 2007.

TURNER, Victor. »Liminal to Liminoid, in Play, Flow, and Ritual: An Essay in Comparative Symbology.« *Rice Institute Pamphlet – Rice University Studies,* 60, no. 3 (1974) Rice University.

WADBLED, Nathanaël, *Les paysages du Berghain, un espace de discipline de soi. Libération des normes et régulation normative des comportements dans une boite de nuit berlinoise*. Luc Gwiazdzinski; Marco Maggioli; Will Straw. Night Studies. Regards croisés sur les nouveaux visages de la nuit, Elya Éditions, pp. 326–345, 2020

BERGHAIN-DISKOGRAPHIE

Künstler – Titel (Album) [Label] – Jahr

Ellen Allien – Körpermaschine [UFO Inc.] – 2019
Ellen Allien – Confusion (Album: Auraa) [BPitch] – 2020
Ancient Methods – B2 (Album: Fourth method) [Ancient methods] 2014
Alien Rain XOX 31 (Album: Alien Rain Part 6) [Token] 2017
Alpha Tracks – Golden shot [Blue Hour 012] 2019
Anetha – Acid train (Album: Phasing faces) [Anagram] 2017
Answer Code Request – Main Mode [Marcel Dettmann Records] 2012
Archae & Grovskopa – Surface tension [Fondation Sonore] – 2014
Tim Baker – Addicted – [Novamute] 2003
Barker & Baumecker – A murder of crows Part 1 [Ostgut Ton] – 2011
Baumecker – Encipher & Decipher [Ostgut Ton] – 2016
Boris – Lock (Album: Various – Zehn | Zehn [Ostgut Ton] 2015
Boston 168 – Orbit [Enemy Records] 2017
Cravo – Evo 01 [Hayes] 2020
Renato Cohen – Pontapé [Intec records] 2002
Marcel Dettmann – Rush (PAS Deep Release Remix) (Album: Planetary Assault Systems Remixes) – [Marcel Dettmann Records] 2014
DJ Nobu, Iori – Untitled [Bitta] 2012
DJ Pete – Unknown Untitled (Dj Pete Remix) [Fracture] 2019
DVS1 – Evolve [Hush 01] 2011
Efdemin – New Atlantis [Album: New Atlantis) [Ostgut Ton] 2019
Len Faki – BX3 [OStgut Ton] 2009
Fiedel – Likedeeler [Fiedelone] 2015
Erik & Fiedel – Re-Tics (Album: Elektro cut) [MMM] 2015

Fiedel – Substance B [Ostgut Ton] 2017
Freddy K – Devo Andare XXX 2017 [Key vinyl] (2017)
Function – Disaffected [Sandwell District] – 2008
Green Velvet – Flash (remixes) [Relief records] (1995)
Green Velvet – Destination Unknown EP [Relief Records] 1997
I hate Models – Love or Die theme [Aries Records] 2016
Mathew Jonson – Marionette [Wagon repair] 2004
Phil Moffa – Magnetic (Album: Attempt No Landing) [The Corner] 2015
Inigo Kennedy & Kr!z – Amalgam (Album: Momentum – 10 years of Token) [Token] 2017
Ben Klock – Before one [Ostgut] 2009
Etapp Kyle [Nolah (Album: Various – Zehn |Zehn) [Ostgut Ton] – 2016
Heiko Laux – Fernweh (Marcel Dettmann Remix) – [Kanzleramt] 2015
Ignacio – Virton (Album: Kozzmozz Compliation) [N.E.W.S.] 1999
Jerm – Breaking point (Héctor Oaks Emergency Punk Remix) [Analogue 007] 2018
Oscar Mulero – Echo (from Electric Shades) [Token] 2018
Norman Nodge – NN 8.0 (Body Language Vol. 8) [Ostgut Ton] 2009
Héctor Oaks – Two step dance ensured (album: We met under the strobe light) [Oaks] 2018
Oyaarss – Future smile soon [Fondation Sonore] 2014
Anthony Parasole – Point God [The Corner] 2015
Phase Fatale – Luxury Seducer (album Various – Seven years of delirium) [Liber Null Berlin] 2020
Planetary Assault System – future modular In The Mix (Album: The Sound Of The 15th Season) [Cocoon Recordings] 2014
Rødhåd – Haumea [Token] 2014
Regis – Purification (album: Blood Into Gold) [Token] 1999
Rrose – Onceless (Album: Monad XVI) [Stroboscopic Artefacts] 2013
Dasha Rush – Ocean Shy (Album: Timid Ocean Drawings) – Deep Sound Channel 2014
Dasha Rush – Acid Curve (Album: Acid sketch) [Fullpanda Records] 2018
James Ruskin – Work (Steve Rachmad Mix) [Label Blueprint records] 2006
Somewhen – Null Drift (Album: Tull EP) [Unterton] 2016

Speedy J – Krekc [Novamute] 2002
Substance – Countdown [Ostgut Ton] 2019
Emmanuel Top – Acid Phase [Cosmo records] 2002
Underground Resistance – The final frontier [UR003] 1992
UVB – Mixtion (Album: Second life) [Mord] 2014
Ø [Phase] – Burden Of Proof (Album: Emergence) [Token] 2014

PANO-DISKOGRAPHIE

Acid Eiffel (Laurent Garnier-Shazz-Navarre) – Choice [Fragile Records] 1993
Alessandro Adriani – One minute (after death) (Album: Fall Elsewhere And Shatter) [Pinkman] 2017
Joey Beltram – Energy Flash – [Reedit R&S Records Classics] 1990
The Black Madonna – Exodus (Album: Livin' for the city) [Stripped & Chewed] 2012
Jennifer Cardini – Surrender (Remix) [Dischi Autunno] 2019
John Cooper Clarke - (I married) a monster of outer space (Hannett's different recording) (Album: Evidently John Cooper Clarke – The Archive Recording, Vol. 2) [Merlin] Cargo Records UK 2012
Honey Dijon featuring Cakes Da Killa – Catch The Beat (Album: The best of both worlds) [Classic] 2017
DJ Q – Feeling Moody [Robsoul recording] 2016
Floorplan – Baby, Baby[M-Plant] 2013
Futurhythm – Injection [BMW The Delkom corporation] 1991
Nick Höppner – Rising Overheads (Album: Folk) [Ostgut] 2015
Laurent Garnier & Chambray – Feelin' Good [Rekids] 2019
Laurent Garnier – Our futur (Detroit mix) – [Because music] 2012
Gerd Janson & Shan Edit – Gibson Brothers – Heaven [Running Back] 2017
Italo Johnson – 07A1 (Floorplan Remix) [ItaloJohnson] 2017
Jaydee – Plastic Dreams [R&S Records] 1993
Krystal Klear – Neutron dance remixes (Gerd Janson Birkenstock Remix) [Running Back] 2018
LoveHrtz – Music makes me high (Album: LoveHrtz Vol. 2) [LoveHrtz] 2020

Mano Le Tough – Primative People (Tale Of Us Remix) (Album: Changing Days Remixes [Permanent Vacations] 2013
Mano Le Tough – Energy Flow (DJ Koze Remixes [Permanent vacation] 2016
Mr. Fingers, Mr. Fingers [Trax records] 1988
Mumbai Science – Black Hole (Floorplan Rmx) [Lossless] 2015
Mr Tophat & Art Alfie – Karlossons Dub [Karlovak] 2014
New Order – Blue Monday (2016 Remaster) [Warner Records]
Pacific Loverman – From Outer Space [Moxie] 2009
Anthony Georges Patrice – Parallel Romance [Lossless] 2014
Power to the People (Damon Jee Remix) [Roam Recordings] 2017
Radio Slave – Variations 1 [Rekids] 2021
DJ Rolando aka The Aztec Mystic – The Jaguar [Underground Resistance] 1999
Fiedel – S drive (Album: Substance B) [Ostgut] 2017
Silent Servant – Lust Abandon (Album: Jealous God 03) [Jealous God] 2013
Steffi – Lilo (Album: Yours & Mine) [Ostgut] (2011)

Mehr als 13.000 Tracks, die im Berghain und in der Panorama Bar gespielt worden sind, wurden auf dieser Seite archiviert: http://dropped-in.dievardump.com

94 Seiten, 13,3 x 20,5 cm,
Klappenbroschur
ISBN 978-3-96317-219-9 (Print)
ISBN 978-3-96317-754-5 (ePDF)

Sonja Dierks

GEHÖR SCHENKEN

Stimme · Gesang · Musik

Die hier versammelten Texte folgen keinem alternierenden Duktus, sie wechseln vielschichtig hin und her zwischen philosophischen Gedankenbewegungen und imaginativer Prosa. So geht es etwa um Maria Callas und Gesang als Zeichen, um Stimmbruch, mütterliche Cowboys, Gewitter und auch Stille …

Die Stimmen, die von Sonja Dierks dargestellt, charakterisiert und in eine ›écriture à haute voix‹ (Roland Barthes) einbezogen werden, stehen für sich und sind zugleich repräsentativ für die zu Beginn entfaltete Grundidee einer äußerst beschleunigten Verlangsamung. Das Bild von der Schnecke im Rennwagen verbindet zwei nicht miteinander zu vereinbarende zeitliche Momente. Es geht um Verknüpfung von Ruhe und Beschleunigung, von Spontaneität und Konzentration. Beides ist unerlässlich für den musikalischen Gesang, und beides steht hier auch für eine Schreibweise, die ihrem Gegenstand in der Form der reflektierenden Fantasie und phänomenologischen Präzision die Treue zu halten versucht.

BÜCHNER